12

PRINCÍPIOS PODEROSOS PARA O SUCESSO

Título original: *12 Power Principles for Success*

12 princípios poderosos para o sucesso

1ª edição: Novembro 2023

Autor:
Bob Proctor

Tradução:
Edmilson Ribeiro

Preparação de texto:
Marina Montrezol

Revisão:
Gabriel Silva
3GB Consulting

Projeto gráfico:
Jéssica Wendy

Capa:
Dimitry Uziel

DADOS INTERNACIONAIS DE CATALOGAÇÃO NA PUBLICAÇÃO (CIP)

Proctor, Bob
12 princípios poderosos para o sucesso / Bob Proctor ; tradução de Edmilson Ribeiro. — Porto Alegre : Citadel, 2023.
176 p.

ISBN 978-65-5047-271-9

Título original: 12 Power Principles for Success

1. Sucesso I. Título II. Ribeiro, Edmilson

23-6146 CDD - 158.1

Angélica Ilacqua - Bibliotecária - CRB-8/7057

Produção editorial e distribuição:

CITADEL Grupo Editorial

contato@citadel.com.br
www.citadel.com.br

BOB PROCTOR

12 PRINCÍPIOS PODEROSOS PARA O SUCESSO

Tradução:
Edmilson Ribeiro

CITADEL
Grupo Editorial
2023

SUMÁRIO

1

[SUCESSO]

Imagine que é amanhã de manhã, e você está acabando de acordar. Ao pé da sua cama, você encontra, lindamente embrulhado em uma folha de ouro, um pacote com seu nome. Você se levanta rapidamente, pega o presente e o rasga. Dentro dele, encontra sucesso, sucesso para o resto de sua vida. É seu. Pertence a você. Algum mentor benevolente o deixou enquanto você dormia.

Como seria o seu novo presente? De que cor seria? Qual o tamanho do pacote em que ele chegou? Como você o descreveria para a próxima pessoa com quem falasse? Como se sentiu recebendo um presente como esse? Você ficaria animado sabendo que tinha em mãos sucesso para o resto de sua vida?

Nesse ponto, você provavelmente está sorrindo e pensando que eu deveria estar escrevendo histórias em quadrinhos, que isso é uma grande fantasia. Meu amigo, isso não é fantasia. É fato que você tem a dádiva do sucesso para o resto da vida. Você tem, sim. Talvez não saiba que tem. Talvez não reconheça essa verdade maravilhosa, e, se não reconhecer, certamente não poderá desfrutar do seu sucesso ou compartilhá-lo com seus entes queridos, mas você o tem.

Veja por esse lado. Traga toda a sua atenção consciente para compreender a página deste livro, em cada palavra que você está lendo. Em seguida, mude sua atenção para um objeto, qualquer objeto, que esteja ao alcance de sua vista.

Agora pense na facilidade com que você dirigiu sua atenção desta página para o objeto que você escolheu focar. Não foi preciso esforço. Bem, com a mesma quantidade de esforço, você pode passar de malsucedido a bem-sucedido, de sentimentos de ausência e limitação a um sentimento de abundância em todas as áreas da sua vida.

O sucesso é uma direção que você escolhe. Não tem nada a ver com quanto dinheiro você tem, quantos anos tem, onde está, quem é, o que fez no passado ou até mesmo o que está fazendo agora. É a direção que você escolhe seguir na sua vida, e é uma escolha sua.

Ative sua imaginação por um momento. Vamos imaginar uma situação hipotética de um indivíduo que esteja indo à falência, passando por um divórcio, usando muletas, sem um lugar específico para dormir à noite e sem nada para comer. No entanto, esse indivíduo é bem-sucedido.

Você pode estar operando sob algum condicionamento antigo que pode fazê-lo pensar que uma pessoa nessa situação certamente não parece ou soa bem-sucedida. É claro que é geralmente nesse momento que o problema começa para a maioria das pessoas. Elas estão se deixando levar pelo que veem e ouvem, o que é bem natural. Isso é o que somos ensinados a fazer desde o nascimento. No entanto, esse tipo de pensamento vai incapacitá-lo todas as vezes.

Concentrar-se mentalmente nos resultados físicos presentes só irá lhe dar mais do mesmo tipo de resultados físicos. Esse indivíduo hipotético que estava cercado por resultados negativos esmagadores poderia, de repente, ter se tornado consciente da verdade ousada, nua e bela de que o sucesso é uma direção que começa com uma decisão e que não tem absolutamente nada a ver com qualquer coisa fora de si mesmo. Assim que ele tomou uma decisão sobre o que queria e, em seguida, tomou a decisão crítica de deixar de lado o passado e prosseguir em direção a seu sonho, pronto, estava feito. Esse foi o momento mágico. Isso o tornou bem-sucedido.

O sucesso é alcançado por meio da tomada de uma decisão. O falecido palestrante motivacional Earl Nightingale costumava contar uma história de um empresário de sucesso a quem perguntaram quando foi que ele tinha se tornado bem-sucedido. Ele respondeu: "Eu me tornei bem-sucedido quando estava dormindo em um banco de parque, porque eu sabia para onde eu estava indo e sabia que chegaria lá".

Se o sucesso é tão simples assim, por que tão poucas pessoas compartilham dele? Elas não sabem, e não sabem que não sabem. É por isso que tão poucas pessoas desfrutam do sucesso.

Se você tivesse algumas toneladas de barras de ouro enterradas no seu quintal, mas não soubesse que estão lá, que bem isso lhe faria? Nenhum. O único problema real que alguém pode ter é a ignorância – não saber.

Há algumas pessoas que são verdadeiramente bem-sucedidas e muitas outras que trabalham duro desesperadamente toda a vida tentando ser bem-sucedidas. Como resultado, a pessoa normal é iludida por uma quantidade esmagadora de evidências que indicam que o sucesso é difícil de se obter e que aqueles que o alcançam são sortudos ou extremamente brilhantes.

A grande maioria das pessoas está tão ocupada tentando sobreviver que nunca dedica tempo para fazer uma pesquisa adequada ou um estudo aprofundado sobre pessoas altamente bem-sucedidas. Cada pessoa que fez tal estudo chegou à mesma conclusão chocante: o sucesso é apenas uma decisão. Você deve decidir o que quer e, em seguida, começar a se mover em direção a isso. Você decide agora, exatamente onde está, e começa com o que quer que você tenha. É isso. Simples assim.

O sucesso como um conceito fascina as pessoas há séculos. É provável que ele tenha sido analisado e discutido com a mesma frequência que qualquer outra palavra neste ou em qualquer outro idioma. No entanto, em relação à população total, há poucas pessoas por aí que entendem o que é o sucesso.

Há poucas pessoas vivas que investiram mais tempo estudando essa palavra do que eu. Tenho passado quase o dia todo, todos os dias, durante 33 anos, analisando o sucesso. Ao longo dos anos, tive muitos fracassos, mas também tive inúmeras vitórias emocionantes. Tenho desfrutado dessas experiências em muitos continentes ao redor do mundo. Isso tudo não aconteceu no meu próprio quintal, e houve milhões de dólares envolvidos. As vitórias e os fracassos têm ambos provado ser experiências extraordinárias de aprendizado pessoal.

Compartilho isso com vocês para sustentar a minha alegação de compreender o sucesso. Cheguei à firme conclusão de que a melhor e mais precisa definição de *sucesso* é uma que meu ex-empregador e associado, Earl Nightingale, deu-me há muitos anos: *o sucesso é a realização progressiva de um ideal digno*. Quando você dedicar a essa definição a reflexão que tenho dedicado e a testar como tenho feito, perceberá quão perfeita ela é. Earl Nightingale investiu dezessete anos e meio procurando por essa definição até encontrá-la. Ele deixou este mundo quarenta anos mais tarde sem mudar uma palavra.

O sucesso é a realização progressiva de um ideal digno. Estou fazendo isso parecer simples, não é? Bem, certamente parece simples, mas, como muitas outras coisas na vida, não é tão simples nem tão fácil. Requer reflexão. Você deve separar essa definição em partes e analisá-la.

Pegue a palavra *progressiva*. *Progressiva* não significa que você deve ir com tudo o que tem por um dia ou dois e depois desacelerar por uma semana até que alguém venha dar corda em você. Uma das definições de *progressiva*, no meu dicionário, diz o seguinte: *que aumenta constantemente, intensivo.* Acredito que era isso que Earl Nightingale tinha em mente.

Realização indica uma consciência cada vez maior, o que significa que a materialização do ideal digno se torna cada vez mais óbvia.

Em seguida, *ideal digno* torna-se muito interessante. Vamos pegar *ideal* primeiro. James Allen, o grande autor vitoriano, expressou isso muito bem quando sugeriu que um ideal é uma ideia pela qual nos apaixonamos, o que significa que consome nosso eu intelectual, nosso eu emocional e nosso eu físico. Gosto disso.

A palavra *digno* é a pedra no meio do caminho para a maioria das pessoas. A má interpretação dessa parte mantém as massas na encosta das colinas, vagando sem rumo, nunca escalando suas montanhas, frequentemente frustradas, constantemente irritadas e vezes demais miseravelmente desapontadas consigo mesmas e com suas realizações.

É como o garotinho que disse ao pai: "Ok, pai, temos uma casa grande, uma garagem para dois carros, os carros, o barco e o lugar no lago. E agora?". A maioria das pessoas está tentando reforçar sua autoimagem até o ponto em que se sentem dignas do bem que desejam.

Considere o seguinte: você é a forma mais elevada de criação na face da Terra. É digno de qualquer bem que deseje. Esta é a pergunta que você deve fazer: "A minha ideia é digna de mim? É digna da minha atenção? Do meu interesse? Devo dar ou trocar minha vida por essa ideia? Ela é digna do meu amor?".

Quando você começa a olhar para a definição de Earl a partir desse ponto de vista, tudo muda. O que você quer se torna muito importante. Infelizmente, há apenas cerca de uma ou duas pessoas em cada cem que sabem o que realmente querem. Pense nisso. De cada cem, apenas alguns agarram a oportunidade de ter sucesso.

A grande maioria da população rejeita o desejo real toda vez que ele flutua para a superfície de sua consciência. A autoimagem delas não aceita isso, ou elas têm medo de mencionar isso a alguém e serem ridicularizadas. Então, imediatamente começam a pensar nas razões pelas quais não poderiam ter o desejo real.

Mal planejamento, ambientes negativos e falta de informação e apoio adequados mantêm a maioria das pessoas perdidas na encosta. Elas nunca apreciam a vista do topo da montanha. Como somos inundados com informações sobre metas e o fato de que você deve tê-las para vencer, descobrimos que algumas pessoas realmente as definem. No entanto, essas metas tipicamente são para a obtenção de carros, dinheiro ou imóveis. Todas essas coisas são boas, e devemos tê-las e apreciá-las. No entanto, raramente – ou nunca – elas representam um ideal digno. São apenas substituições de ideais dignos, e é provavelmente por isso que as chamamos de *metas*.

Como uma pessoa poderia ser consumida pela ideia de comprar um carro ou um imóvel quando sabemos que podemos possuir uma frota de carros sem muitos problemas? Conheço um homem que comprou pessoalmente quinhentas casas. Seria difícil qualificar essas coisas como ideais dignos. Elas são coleções de coisas. Por favor, não me interprete mal. Gosto de bons carros e de boas casas, mas não há como eu trocar minha vida por eles.

Neste ponto, você deve estar se perguntando: o que o Proctor quer? Vou lhe dizer o que quero. Quero construir uma organização global dedicada a melhorar a qualidade de vida em todo o mundo; criar produtos e serviços com pessoas que pensam de forma semelhante e que tenham um propósito em comum; viver e trabalhar em um ambiente próspero que incentive a produtividade para que possamos melhorar o serviço que prestamos à nossa família, nossa empresa, nossa comunidade e, finalmente, nossa nação. É isso que quero e estou progressivamente realizando. Nunca duvido do que posso fazer. Eu *estou* fazendo isso e farei isso pelo resto da minha vida aqui, neste planeta.

Porque o meu ideal digno é tão grande e poderoso, ele tem atraído a mim pessoas de todo o mundo. Elas dizem: "É isso que eu quero também. Vamos fazer isso juntos". Esse é o tipo de desejo que é digno de você. Quando você está progressivamente realizando esse tipo de ideal digno, está se tornando um sucesso definitivo.

Eu poderia estragar sua semana se lhe contasse sobre algumas das coisas terríveis que atraí para mim em busca do meu sonho, mas nunca vacilei. Pessoas de sucesso nunca vacilam. Tudo o que aconteceu me fortaleceu, e, assim como na natureza, quando ocorre um furacão, todas as estruturas fracas e madeiras secas são destruídas. O mesmo ocorre na vida.

Não fique desapontado quando outras pessoas o decepcionarem ou o traírem. Siga em frente. A natureza abomina o vácuo. Uma forma mais forte de apoio está a caminho, e a natureza está criando um espaço para ela.

Vamos dar uma olhada mais de perto em você, sua verdadeira natureza e sua ideia de sucesso. O próprio núcleo do seu ser é espiritual. A essência de Deus é o seu próprio núcleo. Você é um ser espiritual. Você tem um intelecto e vive em um corpo físico. Agora me acompanhe aqui. O espírito tende sempre à expansão e a uma expressão mais completa. Ele nunca tende à desintegração.

Deus, espírito, opera de maneira ordenada, que é perfeita. Nós nos referimos a essa ação perfeita como *lei*, frequentemente chamada de *leis do universo*. O espírito se expressa por meio de você. Você é um instrumento de Deus. Quando está trabalhando em harmonia com Deus ou o espírito, você está trabalhando com uma fonte infinita de suprimentos. Você é um instrumento, então, os únicos limites colocados em você são aqueles que você coloca em si mesmo. Porque a sua natureza básica é infinita, a verdade é que não há limite para o que você é capaz de fazer.

Como povo, quando nos permitimos o luxo de imaginar ou desejar viajar em um automóvel em vez de em uma carruagem puxada a cavalo, construímos um. Quando então nos demos o luxo de imaginar ou desejar fazer viagens aéreas, nós o fizemos. Nos inserimos em outro reino. Voamos mais alto que os pássaros.

O mesmo ocorreu com o fax, o telefone, a televisão. Pessoas comuns, desejos extraordinários, e bingo – realizações. O que você realmente quer? Reconheça, admita e grite das copas das árvores: "Isso é o que eu realmente quero".

Veja, o meu desejo é real. Está acontecendo. *Born Rich*, a filosofia libertadora que é a base do trabalho da minha vida, agora está disponível em chinês, francês e português, bem como em inglês, e segue ao redor do mundo, da América do Norte à Ásia e América do Sul.

O seu núcleo espiritual continua golpeando a sua consciência. Aquiete-se e ouça. O que você realmente quer? Todo mundo quer algo grande, realmente grande. Não negue ou rejeite. Agarre-o. Escreva-o no papel. Você não precisa saber como isso vai acontecer. Você só tem que saber que *vai* acontecer.

Deus tinha grandes planos para você quando você foi criado. É por isso que você recebeu um potencial tão incrível. A maioria dos mais estudiosos cientistas vivos, hoje em dia, não serão capazes nem de imaginar do que você é capaz.

Uma vez que que Deus tinha planos tão grandes para você, não faria sentido que *você* tivesse grandes planos para si mesmo? O que você realmente quer? A imagem da grandeza continua surgindo em sua mente. Todo mundo quer ser ótimo em alguma coisa. Essa é a nossa natureza. Saiba disso.

Você nem seria capaz de se ver mentalmente fazendo algo se não fosse capaz de fazê-lo. Como Stella Mann disse: "Se você é capaz de fazer algo em sua mente, é capaz de segurá-lo em sua mão". O que você quer? Mas e se isso ainda for uma fantasia? Foi assim que o trem, o avião, o carro e o fax começaram. Fantasie. Brinque com as imagens felizes, depois execute-a muito bem. Diga: "É isso. É isso que eu quero. Isso é digno de mim. Vou acordar todas as manhãs e ficar animado em trocar minha vida por isso. Sim, eu realmente vou".

Se os seus amigos, parentes e vizinhos rirem de você, afaste-se deles. Não se atreva a deixar que o coloquem para baixo. Outros fingirão ser seus amigos, mas sairão por aí mal-humorados ou com pena de si mesmos. Afaste-se deles. Eles vão roubar o seu sonho.

Você não precisa melhorar. Você já é lindo(a). Deus não fez nada de segunda qualidade.

A realização progressiva do que você quer trará consigo uma maior consciência. O seu poder e o seu magnetismo irão se intensificar. O seu desejo deve ser grande e bonito, e você deve realmente querê-lo. Não importa se alguém mais quer o mesmo ou se eles desejam que você o queira. Só importa se *você* o quer. Se você realmente quer viver uma vida de sucesso, deve estar progressivamente realizando um ideal digno. Isso é sucesso, e isso requer mudanças.

Você irá enfrentar resistência; no entanto, ao seguir as sugestões deste livro, deve escolher um desejo grande e poderoso. Vou chamá-lo de *o desejo da sua vida*. Entenda que a resistência será forte, mas, ao se preparar adequadamente para essa resistência, você vai vencê-la. Você irá conseguir. Tenha em mente que o grau de resistência que você encontrará está em proporção direta com o tamanho e a natureza da ideia com a qual você começa a trabalhar.

Os visionários sempre foram perseguidos antes de serem reconhecidos e recompensados, mas tudo bem. Eles entenderam o que estava acontecendo. Perceberam que, quando as pessoas não entendem algo, tendem a ridicularizar e criticar isso.

Como William Penn Patrick disse: "Nenhuma pessoa, ideal ou instituição se torna grande até se deparar com uma grande resistência". A grandeza não pode ser alcançada até que esse conceito seja compreendido.

Infelizmente, a pessoa comum é ignorante quanto a essa regra de realização. O sr. e a sra. Comum, em sua ignorância, têm medo e relutam em encontrar uma leve resistência. Eles não querem causar problemas ou ser criticados e, incorretamente, sentem que a crítica irá atrasá-los e impedi-los de realizarem sua felicidade. Na verdade, o que ocorre é o oposto.

Anote isso. Quando começamos a mudar, primeiro sofremos resistência de nossos entes queridos. Eles temem a mudança, porque mudar significa enfrentar o desconhecido. Quando começamos a fazer progressos rápidos ou nos comprometemos com o progresso rápido, nossos amigos e parentes lançam obstáculos. Eles oferecem resistência por meio de comentários negativos e ações, que são dispositivos para fazerem com que você mantenha o *status quo*.

Se você quiser alcançar um grande progresso, deve triunfar sobre aqueles mais próximos. Isso é difícil e requer coragem, porque você deseja agradar aqueles que você ama, e não os machucar. No entanto, grande dano recai sobre os seus entes queridos quando você deixa de ser você mesmo, de fazer o que quer e de se tornar o que está destinado a se tornar. Isso ocorre porque você perde o entusiasmo pela vida. O seu processo de crescimento para, e sua autoestima diminui. Esses pontos negativos são invertidos quando você se mantém firme; quando obtém êxito, você obtém um novo e mais elevado respeito por parte de seus entes queridos. A história registra inúmeros eventos que provam esse ponto. Temos a sorte de sofrer tão grande resistência. Essa resistência é a evidência da nossa grandeza e nos fornece a energia para obter êxito, para conquistar e dominar.

Esses próximos anos registrarão uma história brilhante e estabelecerão um lugar permanente para o nosso modo de vida, que é a liberdade para ser e realizar nossos sonhos para um mundo melhor, por nós mesmos, pelas crianças e por toda a humanidade. Entenda nossa batalha e fique satisfeito por estar ajudando a fazer história. O trabalho que você faz hoje irá proporcionar nova liberdade e esperança para milhões que ainda estão por vir. Mantenha a coragem perante o seu inimigo. A sua resolução e o seu compromisso encherão de medo o coração dele, e ele irá cair no esquecimento; essa é a lei da vida.

\ | /

Agora você entende o que deve ser feito. Sucesso e persistência andam juntos como a galinha e o ovo. Você não terá um sem o outro. Você não vai persistir se o desejo não for o desejo certo para você; e, se não persistir, não será bem-sucedido. Você quer sucesso, eu sei que sim.

Volte para o pé da sua cama e abra esse presente imaginário. Tome a decisão. Aceite o seu presente de Deus. O sucesso para o resto da sua vida é seu. Venha escalar as montanhas conosco. Vamos desfrutar da sua companhia. O sucesso é a realização progressiva de um ideal digno.

2

[DECISÃO]

Há um único movimento mental que você pode fazer que irá resolver enormes problemas para você em um milésimo de segundo. Ele tem o potencial de melhorar quase qualquer situação pessoal ou de negócios que você irá encontrar e pode impulsioná-lo pelo caminho para um sucesso incrível. Temos um nome para essa atividade mental mágica. Chama-se *decisão.*

As pessoas mais bem-sucedidas do mundo compartilham uma qualidade comum: elas tomam decisões. Os tomadores de decisão vão para o topo, e aqueles que não tomam decisões parecem não ir a lugar nenhum. As decisões – ou a falta delas – são responsáveis pelo fracasso ou pelo sucesso de carreiras.

As pessoas que se tornaram competentes em tomar decisões sem serem influenciadas pelas opiniões dos outros são aquelas cujas rendas anuais se enquadram na categoria de seis e sete dígitos. As pessoas que nunca desenvolveram a força mental para fazerem esses movimentos vitais são direcionadas às fileiras de baixa renda por toda a sua carreira. Na maioria das vezes, suas vidas se tornam pouco mais do que uma existência monótona e chata.

As decisões afetam mais do que apenas sua renda, elas dominam toda a sua vida. A saúde de sua mente e corpo, o bem-estar de sua família, a sua vida social, o tipo de relacionamento que você desenvolve, tudo depende de sua capacidade de tomar decisões certas. Como a tomada de decisão tem um poder de longo alcance, você talvez pense que ela é ensinada em todas as escolas, mas não é. A tomada de decisão está ausente dos currículos de quase todas as nossas instituições educacionais formais. Para agravar o problema, ela foi deixada de fora de praticamente todos os programas de treinamento e desenvolvimento de recursos humanos no mundo corporativo.

A essa altura, você pode estar se perguntando: "Como se espera que uma pessoa desenvolva essa habilidade?". Bem, tenho a resposta para você. Você deve fazer isso por conta própria, mas já começou ao refletir e digerir as informações que estou compartilhando aqui. Este capítulo está fazendo com que você se torne mais consciente da importância das decisões.

Há um excelente livro que você talvez queira adicionar à sua biblioteca. Ele tem algumas informações muito poderosas em seu interior. Chama-se *Decision Power* (O poder da decisão), de Harvey Kaye. O subtítulo é *How to Make Decisions with Confidence* (Como tomar decisões com confiança). Essa é a única maneira de tomar decisões. Não tome decisões e depois se preocupe se está fazendo a coisa certa.

Não é difícil aprender a tomar decisões sábias. Com as informações adequadas e sujeitando-se a certa disciplina, você pode se tornar um tomador de decisão muito proficiente e eficaz, e as pessoas que se tornam eficazes na tomada de decisões recebem grande parte das recompensas do mundo.

A tomada de decisão é uma disciplina mental que você pode dominar. Ela pode ser comparada a uma série de outras disciplinas mentais, como pensar, imaginar ou concentrar-se. Cada uma, quando desenvolvida, traz consigo enormes recompensas. A pessoa que toma a decisão de fortalecer esses músculos mentais recebe como recompensa o que muitas vezes é considerado uma vida de sorte. Você pode praticamente eliminar conflitos e confusões em sua vida tornando-se competente em tomar decisões.

A tomada de decisão traz ordem à sua mente, e, é claro, essa ordem é refletida em seu mundo objetivo, seus resultados. James Allen talvez estivesse pensando em decisões quando escreveu: "Pensamos em segredo, e isto acontece: o que está ao redor é apenas o nosso espelho". Ninguém é capaz de ver você tomando decisões, mas eles quase sempre verão os resultados de suas decisões.

A pessoa que não consegue desenvolver a capacidade de tomar decisões está condenada, porque a indecisão cria conflitos internos, que subitamente podem crescer e se tornar guerras mentais e emocionais sem limites. Os psiquiatras têm um nome para descrever essas guerras internas. É *ambivalência*. O *My Oxford Dictionary* informa que a ambivalência é a coexistência, no indivíduo, de sentimentos opostos em direção ao mesmo objetivo.

Você não precisa ser a pessoa mais brilhante da cidade nem precisa de um doutorado em psiquiatria para entender que terá dificuldades na vida se permitir que sua mente permaneça ambivalente por qualquer período. A pessoa que o fizer ficará desanimada e praticamente incapaz de qualquer tipo de atividade produtiva. Qualquer um que se encontre em tal estado mental não está vivendo. Na melhor das hipóteses, está apenas existindo. Uma decisão – ou uma série de decisões – mudaria tudo.

Uma lei básica do universo é *criar ou desintegrar*. A indecisão causa desintegração. Quantas vezes você já ouviu uma pessoa dizer "Eu não sei o que fazer"? Quantas vezes já se ouviu dizer "O que devo fazer?"? Pense em alguns dos sentimentos de indecisão que você e praticamente todas as outras pessoas neste planeta experimentam de tempos em tempos: *Ame-os, deixe-os. Saia, fique. Faça isso, não faça. Decrete falência, não, não decrete. Vá para o trabalho, assista à TV. Compre, não compre. Diga isso, não o diga. Conte a eles, não lhes conte.*

Todo mundo já experimentou esses sentimentos de ambivalência de vez em quando. Se frequentemente acontece com você, decida agora mesmo parar com isso. A causa da ambivalência é a indecisão, mas tenha em mente que a verdade nem sempre está na aparência das coisas. A indecisão é uma causa da ambivalência, mas é uma causa secundária. Não é a causa primária.

A baixa autoestima e a falta de confiança são as verdadeiras culpadas aqui. Por mais de 25 anos, tenho estudado o comportamento de pessoas que se tornaram competentes na tomada de decisões. Todas elas têm uma coisa em comum: uma autoimagem muito forte, muita autoestima. Elas podem ser tão diferentes quanto a noite difere do dia em muitos outros aspectos, mas todas elas têm confiança. Os tomadores de decisão não têm medo de cometer um erro. Se e quando eles cometem um erro em sua decisão ou falham em algo, têm a capacidade de simplesmente não ligar. Eles aprendem com a experiência, mas nunca se submetem ao fracasso.

Todo tomador de decisão ou teve a sorte de ter sido criado em um ambiente onde a tomada de decisões fazia parte de sua educação ou desenvolveu a capacidade mais tarde. Eles estão cientes de algo que todos que esperam viver uma vida plena devem entender: a tomada de decisões é algo que você não pode evitar. Se espera viver uma vida plena, você deve se tornar competente nisso. Mesmo aqueles que são competentes sabem que podem melhorar.

Talvez você esteja pensando: "Tudo bem, por onde eu começo?". Você começa ao melhorar sua capacidade de tomar decisões exatamente no mesmo lugar em que inicia qualquer jornada e exatamente com os mesmos recursos. Você *decide*. Comece exatamente onde você está com o que você tem. Esse é o princípio fundamental da tomada de decisão. Decida exatamente onde você está com o que você tem.

Por que a maioria das pessoas nunca domina esse aspecto importante da vida? Elas permitem que seus recursos ditem se e quando uma decisão será ou poderá ser tomada. Quando John F. Kennedy perguntou a Wernher von Braun o que seria necessário para construir um foguete que levasse um homem à Lua e o devolvesse em segurança à Terra, a resposta dele foi simples e direta: "A vontade de fazê-lo".

O presidente Kennedy nunca perguntou se isso era possível. Ele nunca perguntou se eles poderiam pagar por isso ou qualquer uma das outras mil perguntas, todas as quais teriam sido válidas. O presidente tomou uma decisão. Ele disse: "Vamos mandar um homem à Lua e devolvê-lo em segurança à Terra antes do final da década". O fato de que isso nunca havia sido feito antes em todas as centenas de milhares de anos da história humana nem sequer era uma cogitação. Ele decidiu onde ele estava com o que ele tinha. Em sua mente, o objetivo foi alcançado no segundo em que ele tomou a decisão. Era apenas uma questão de tempo, que é governado pela lei natural do universo, antes que o objetivo se manifestasse para o mundo inteiro ver.

Estive recentemente em um escritório com três pessoas. Estávamos discutindo a compra de ações de uma empresa. Eu estava vendendo, eles estavam comprando. Depois de um período razoável, um dos sócios me perguntou quando eu queria uma decisão. Respondi: "Agora mesmo". Eu disse: "Você já sabe o que quer fazer".

Houve alguma discussão sobre dinheiro. Salientei que o dinheiro não tinha nada a ver com isso. Uma vez que você tomar a decisão, encontrará o dinheiro sempre. Se esse for o único benefício que você recebe dessa mensagem em particular na tomada de decisões, deixe-o gravado em sua mente. Ele vai mudar a sua vida.

Expliquei a essas duas pessoas que nunca deixo dinheiro entrar em minha mente quando estou decidindo se vou ou não fazer algo. Se posso pagar ou não nunca é algo a ser considerado. Se quero ou não é a única coisa a ser considerada. Você pode pagar qualquer coisa. Há uma oferta infinita de dinheiro. Todo o dinheiro do mundo está disponível para você quando a decisão é firmemente tomada. Se você precisa do dinheiro, vai atraí-lo.

Qualquer pessoa dirá que isso é um absurdo. Você não pode simplesmente decidir fazer algo se não tem os recursos necessários. Tudo bem se for assim que eles escolhem pensar, mas vejo isso como uma maneira muito limitante de raciocinar. Na verdade, isso possivelmente é não pensar de forma alguma. É muito provável que seja apenas uma opinião que foi herdada de um membro mais velho da família deles que também não pensava.

Pensar é muito importante. Os tomadores de decisão são grandes pensadores. Você já considerou os seus pensamentos e como eles afetam sua vida? Embora essa deva ser uma das nossas considerações mais sérias, infelizmente, para muitas pessoas, não é.

Apenas alguns poucos tentam controlar ou governar os próprios pensamentos. Qualquer um que tenha feito um estudo dos grandes pensadores, dos tomadores de decisão, dos realizadores da história, saberá que eles muito raramente concordaram com qualquer coisa sobre a vida humana. No entanto, houve um ponto em que eles estavam em total e unânime acordo – era o fato de nos tornarmos o que pensamos. Os nossos pensamentos, em última análise, controlam todas as decisões que tomamos. Você é a soma total de seus pensamentos.

Ao assumir o comando neste exato minuto, você pode garantir a si mesmo um bom dia. Recuse-se a deixar que pessoas ou circunstâncias infelizes e negativas o afetem.

A maior pedra no meio do caminho que você encontrará, ao tomar decisões importantes em sua vida, é a circunstância. Deixamos que as circunstâncias nos livrem da obrigação de decidir, quando deveríamos estar dando o nosso máximo para fazê-lo. Mais sonhos são destruídos e objetivos são perdidos por causa das circunstâncias do que devido a qualquer outro fator isolado.

Quantas vezes você já se pegou dizendo "Eu gostaria de fazer isso ou aquilo, mas não posso, porque..."? O que quer que se siga após o "porque" é a circunstância. As circunstâncias podem causar um desvio em sua vida, mas você nunca deve permitir que elas o impeçam de tomar decisões importantes. Napoleão disse: "Circunstâncias – eu as produzo".

Da próxima vez que você ouvir alguém dizer que gostaria de passar férias em Paris ou comprar um automóvel em especial, mas não pode, porque não tem dinheiro, explique que ela não precisa do dinheiro até tomar a decisão de ir a Paris ou de comprar o carro. Quando a decisão for tomada, ela descobrirá uma maneira de obter o valor necessário. Elas sempre conseguem.

Muitos indivíduos equivocados tentam algo uma ou duas vezes e, se não estiverem totalmente corretos, sentem que são um fracasso. Falhar não faz de ninguém um fracasso, mas desistir, certamente, sim, e desistir é uma decisão. Seguindo esse raciocínio, você teria que dizer que, quando toma uma decisão de desistir, você toma uma decisão de falhar.

Todos os dias, nos Estados Unidos, você ouvirá sobre um jogador de beisebol assinando um contrato que lhe pagará alguns milhões de dólares por ano. Tenha em mente que o mesmo jogador erra a bola com mais frequência do que a acerta quando se aproxima da base principal. Todos se lembram de Babe Ruth pelas 714 jogadas que ele acertou, mas raramente mencionam que ele foi eliminado 1.330 vezes.

Charles F. Kettering disse: "Quando você está inventando, se falhar 999 vezes e tiver sucesso ao menos uma vez, você foi bem-sucedido". Isso é verdade para praticamente qualquer atividade que você possa citar. O mundo logo esquecerá seus fracassos em vista de suas realizações. Não se preocupe em falhar. Isso irá fortalecê-lo e prepará-lo para a grande vitória. Vencer é uma decisão.

Muitos anos atrás, perguntaram a Helen Keller se ela achava que havia algo pior do que ser cega. Ela rapidamente respondeu que havia algo muito pior. Ela disse: "A pessoa mais patética do mundo é a que tem a vista, mas nenhuma visão". Você teria que concordar com ela.

Aos 91 anos, J. C. Penney foi questionado sobre como era sua visão. Ele respondeu que sua vista estava falhando, mas sua visão nunca havia sido melhor. Isso não é ótimo?

Quando a sua visão é clara, torna-se fácil tomar decisões. Mas quando uma pessoa não tem uma visão de um modo de vida melhor, ela automaticamente se fecha em uma prisão. Ela se limita a uma vida sem esperança. Isso ocorre com frequência quando alguém tenta de verdade ganhar em várias ocasiões, apenas para encontrar o fracasso de tempos em tempos. Falhas repetidas podem prejudicar a autoimagem de uma pessoa e fazer com que ela perca de vista seu potencial. Ela então toma a decisão de desistir e de se resignar ao seu destino. Dê o primeiro passo para prever seu próprio futuro próspero. Construa uma imagem mental de como, exatamente, você gostaria de viver. Tome uma decisão firme de se apegar a essa visão, e maneiras positivas de melhorar todas as coisas começarão a fluir em sua mente.

Muitas pessoas criam uma bela visão de como gostariam de viver ou do que gostariam em seus negócios, mas, como não conseguem ver como vão fazer tudo acontecer, deixam essa visão desaparecer. Se elas soubessem como iriam fazer isso acontecer, teriam um plano, e não uma visão. Não há inspiração em um plano, mas com certeza há em uma visão.

Quando você tiver a visão, congele uma imagem dela em sua mente com uma decisão e não se preocupe sobre como você irá realizá-la ou de onde os recursos virão. Encha a sua decisão de entusiasmo. Isso é importante. Recuse-se a se preocupar sobre como ela irá acontecer. Há um poder muito maior do que você que só se expressa de maneira perfeita. Essa perfeição cuidará dessa responsabilidade.

Não há situação que não seja agravada pela preocupação. A preocupação nunca resolve nada. A preocupação nunca previne nada. A preocupação nunca cura nada. A preocupação serve apenas a um propósito: piorar as coisas.

James Kirk disse: "Se nos preocupamos, não confiamos. Se confiamos, não nos preocupamos. A preocupação não esvazia o amanhã de suas dores, mas esvazia o hoje de suas alegrias". A preocupação parece ser um passatempo nacional, mas também é uma triste perda de tempo. Lembre-se do que o Dr. Kurt disse: "A preocupação esvazia o hoje de suas alegrias". Não se preocupe. Anime-se. Tenha fé.

Preocupar-se com a escassez é uma indicação clara de que há um grave mal-entendido sobre a nossa fonte de abastecimento. Você e eu estamos recebendo todo o bem que entra em nossas vidas da mesma fonte. Há apenas uma fonte de suprimento, que é o espírito. Tudo vem do espírito. Quando você entender claramente isso, achará muito mais fácil tomar uma decisão. Cada decisão que você toma é baseada em um dos dois pontos. Em um deles, você vai obter um benefício; no segundo, vai evitar uma perda.

A maioria das pessoas que trabalha para uma corporação acredita que seu salário vem da empresa. Na verdade, o pagamento delas vem do espírito, sua única fonte de suprimento. Ele simplesmente vem *por meio* da empresa delas.

Quando você realmente entender a fonte de seu suprimento e, em seguida, melhorar sua compreensão das leis pelas quais o espírito trabalha, será capaz de tomar uma decisão e manter a imagem do desfecho bem-sucedido como resultado dessa decisão, sabendo que o espírito começará a lhe enviar instantaneamente o que precisar para a manifestação de sua imagem.

Milhões de pessoas vão rir se você tentar fazê-las aceitar o que acabei de dizer. No entanto, essas mesmas pessoas não são capazes de explicar por que estão rejeitando algo ou por que algo não pode acontecer.

A nossa empresa tem um ótimo programa que mostrará a qualquer um como ganhar uma renda de seis ou sete dígitos. É chamado de "Aceleração de Renda Disciplinada" e lida com o suprimento ilimitado de dinheiro. No entanto, isso nos traz de volta ao início. Ganhar essa quantia requer uma decisão.

Um dos instrutores desse programa, Gerry Robert, escreveu um livro maravilhoso: *Conquering Life's Obstacles* (Vencendo os obstáculos da vida, em tradução livre). Ele contém uma ideia da qual você pode obter um tremendo benefício em seus esforços para se tornar um tomador de decisão mais eficaz: *avançar na tomada de decisões.*

Fazemos reservas antecipadas quando voamos para algum lugar. Isso é bastante comum. Fazemos reservas antecipadas para eliminar quaisquer problemas quando chegar a hora da viagem. Fazemos o mesmo com o aluguel de um carro pelo mesmo motivo. Pense nos problemas que você eliminará ao tomar muitas das decisões que deve tomar com bastante antecedência.

Vou dar um excelente exemplo. Eu estava em um escritório em Kuala Lumpur, uma vez, durante o Ramadã, quando todos os muçulmanos praticantes jejuam. Perguntaram-me se eu gostaria de uma xícara de chá ou café. Respondi que apreciaria uma xícara de chá. Perguntaram então à senhora ao meu lado se ela gostaria de um copo, e ela respondeu: "Não, estou jejuando".

Essa senhora tinha tomado uma decisão antecipada. Quando lhe perguntaram, ela não teve que decidir se queria alguma coisa ou não. Se ela estava com sede ou não, não era uma cogitação. Uma decisão havia sido tomada anteriormente, e sua decisão antecipada foi bem temperada com disciplina.

O mesmo conceito funciona com pessoas que estão em dietas para perder peso. As suas decisões são tomadas com antecedência. Se lhes for oferecida uma fatia de bolo de chocolate ou alguma torta de creme bávara, elas não precisam dizer: "Nossa, isso parece bom. Eu me pergunto se eu deveria". A decisão é tomada com antecedência.

Há muito tempo, tomei a decisão de não participar de discussões sobre por que algo não pode ser feito. A única compensação que você receberá por dar energia a esse tipo de discussão é algo que você não quer. Sempre fico impressionado com o número de pessoas aparentemente inteligentes que persistem em arrastá-lo para sessões de pensamentos negativos. Com um só fôlego, essas pessoas dizem que querem seriamente realizar um objetivo específico e, no instante seguinte, começam a falar sobre por que não podem. Pense no quanto mais de vida elas desfrutariam ao decidir não participar mais desse tipo de energia negativa.

Permita-me lhe fazer uma advertência: as decisões antecipadas devem ser misturadas com um amplo suprimento de disciplina. Todos os profissionais de alto desempenho entendem e usam a disciplina. A disciplina é para o sucesso o que o carbono é para o aço. Qualquer decisão que você tomar deve ser apoiada pela disciplina. Pesquisas indicam que indivíduos altamente bem-sucedidos tomam decisões muito rapidamente e mudam essas decisões lentamente, se e quando as alteram. Em comparação, a pessoa que raramente desfruta de sucesso toma decisões muito lentamente e muda suas decisões muito rapidamente e com frequência. Esses indivíduos geralmente permitem que as opiniões dos outros influenciem na sua tomada de decisão, enquanto seus colegas bem-sucedidos seguem seus próprios conselhos.

A coisa mais natural do mundo a se fazer é provavelmente a mais destrutiva para o sucesso – seguir a multidão. Historicamente, a multidão sempre viaja na direção errada.

Você foi encorajado a ser como as outras crianças quando era jovem. Foi condicionado a seguir a multidão. Em muitas escolas, era até mesmo vestido como as outras crianças. Bem, você não é mais uma criança e não é como as outras crianças. Você é único. É isso que torna a *Mona Lisa* tão valiosa. Há apenas uma, e, igualmente, há apenas um de você.

Seja você mesmo. Afaste-se da multidão. Tome suas próprias decisões. O psicólogo humanista Dr. Abraham Maslow, que dedicou a vida a estudar pessoas realizadas, afirmou que devemos seguir o nosso guia interior e não ser influenciados pelas opiniões de outros ou por circunstâncias externas.

A pesquisa de Maslow mostrou que os tomadores de decisão na vida tinham uma série de coisas em comum. Mais importante ainda, eles faziam o que sentiam que valia a pena e era importante. Eles achavam o trabalho um prazer, e havia pouca distinção entre trabalho e diversão.

O Dr. Maslow disse: "Para ser autorrealizado, você não deve apenas estar fazendo um trabalho que considera importante. Você deve fazê-lo bem e apreciá-lo". Dr. Maslow registrou que esses artistas superiores tinham valores. Esses valores não eram impostos pela sociedade, pelos pais ou por outras pessoas em suas vidas. Essas pessoas tomavam suas próprias decisões. Elas mesmas escolheram e desenvolveram seus valores.

A sua vida é importante e, no seu melhor, a vida é curta. Você tem o potencial de fazer qualquer coisa que escolher e fazê-la bem, mas deve tomar decisões e, quando chegar a hora, deve tomar sua decisão onde está e com o que tem.

Deixo para você as palavras de dois grandes tomadores de decisão, William James e Thomas Edison. William James sugeriu que, em comparação com o que deveríamos ser, estamos fazendo uso de apenas uma pequena parte de nossos recursos físicos e mentais. Afirmando esse conceito de forma ampla, o indivíduo humano vive até agora dentro de seus limites e tem poderes de vários tipos que ele habitualmente deixa de usar. Thomas Edison disse: "Se todos nós fizéssemos as coisas que somos capazes de fazer, ficaríamos surpresos conosco mesmos".

Se tomar uma decisão simples, as maiores mentes do passado estarão disponíveis para você. Você pode aprender a transformar seus sonhos mais loucos em realidade. Decida. Decida estudar a vida dos grandes líderes do passado e associe a isso a decisão de desenvolver o potencial a que James e Edison estavam se referindo. Você o tem, use-o. Faça uso dessas informações valiosas. Reconheça a grandeza dentro de si. Você tem poderes ilimitados de potencial e capacidade esperando para serem desenvolvidos. Comece hoje. Nunca há tempo melhor do que o presente. Seja tudo o que você é capaz de ser.

3

[RISCO]

Você está pronto? Então, vamos lá. Abra a porta da sua mente. Você terá que correr um risco.

Riscos devem ser assumidos, porque o maior perigo na vida é não se arriscar em nada. A pessoa que não se arrisca em nada não faz nada, não tem nada e não é nada. Somente aquele que se arrisca é livre.

Nunca evite o risco em favor da segurança. Helen Keller sugeriu que a segurança é um mito. Ela disse: "Se a vida não for uma série de riscos, então ela não é nada".

Este capítulo irá ajudá-lo a sair da sua zona de conforto e libertá-lo. Ele adicionará uma esplêndida dimensão de aventura e criatividade à sua vida. Prepare-se para se aventurar onde você nunca esteve antes. Transforme sua vida em uma aventura emocionante, uma após a outra.

Uma obra literária que me foi dada sugeria que rir é correr o risco de parecer tolo. Chorar é correr o risco de parecer sentimental. Estender a mão para o outro é arriscar se envolver. Expressar sentimentos é arriscar expor quem você realmente é. Colocar suas ideias, seus sonhos perante a multidão é arriscar perdê-los. Amar é correr o risco de não ser amado em troca. Viver é correr o risco de morrer. Esperar é arriscar o desespero. Tentar é arriscar o fracasso. Mas é preciso correr riscos, porque o maior perigo na vida é não se arriscar em nada. Se você não se arrisca, até pode evitar o sofrimento e a tristeza, mas não será capaz de aprender, sentir, mudar, crescer, amar ou viver. Apenas a pessoa que se arrisca é livre.

O que faz com que os indivíduos pensem duas vezes antes de assumir um risco, mesmo que seja um risco pequeno e que lhes dê algo que eles realmente querem? Certamente, no topo das listas da maioria das pessoas estaria o medo da perda, do fracasso e da humilhação. Acho que devemos começar entendendo que o bem que percebemos quando saímos e assumimos um risco é apenas parte do ganho. A verdadeira vitória é a confiança e a experiência que adquirimos, que se transformam em novas oportunidades para o crescimento, o prazer e a expansão em todas as áreas da vida.

Você deve entender que risco não é sinônimo de jogos de azar. Assumir riscos não é um jogo em nenhum sentido da palavra. Tenho dito muitas vezes que os verdadeiros grandes vencedores no mundo são os indivíduos que tomam decisões. Eles também assumem riscos, mas não enxergam suas decisões como jogos de azar. Os grandes vencedores da vida estão focados na direção para onde estão indo e no que estão fazendo. E em geral estão envolvidos em uma ideia realmente grande. Os grandes vencedores na vida são confiantes. Eles nunca imaginam que vão falhar. Estão preparados para investir tudo para que algo aconteça: a sua energia, o seu tempo e o seu dinheiro. E a lista continua. É quase certo que alguém veja as ações deles como enormes riscos.

Ao longo dos anos, li, ouvi e colecionei inúmeras histórias sobre pessoas extraordinárias. Essas histórias me inspiraram a continuar assumindo riscos, riscos que continuam a me libertar. Algum tempo atrás, Gerry Robert, autor *de Conquering Life's Obstacles* (Conquistando os obstáculos da vida), compartilhou uma história comigo que nunca esquecerei.

É uma história verdadeira sobre um grande homem ousado chamado Herman Krannert. Essa história começa em Indianápolis, em 1925. Herman era executivo do Sefton Container Company. Ele foi convocado para Chicago, para almoçar com o presidente da empresa. Estava muito animado, e por uma boa razão: nunca havia sido convidado para almoçar com o presidente antes.

Krannert encontrou-se com o presidente no clube atlético, e, enquanto almoçavam, o presidente disse: "Herman, vou fazer um anúncio na empresa esta tarde que impacta muito a sua vida. Nós vamos promovê-lo a vice-presidente executivo sênior, e você será o mais novo membro do conselho de diretores".

Krannert ficou impressionado. Ele disse: "Sr. presidente, eu não tinha ideia de que estava sendo considerado para isso. Quero que você saiba que serei o funcionário mais leal que essa empresa já teve. Vou dedicar minha vida para tornar essa empresa a melhor corporação da América".

O presidente ficou satisfeito com isso e disse: "Sabe, Herman, fico feliz que você mencionou isso, porque há uma coisa da qual eu gostaria que você se lembrasse. Como membro do conselho de administração, você votará exatamente do jeito que eu lhe disser para votar".

A ordem do presidente fez com que Krannert perdesse a confiança. Ele disse que não tinha certeza de que poderia fazer isso.

"Vamos lá, Herman", disse o presidente. "É assim que funciona no mundo dos negócios. Estou colocando você no conselho de administração. Você irá fazer o que eu lhe disser, certo?"

Quanto mais Herman pensava sobre o que o presidente havia dito, mais irritado ele ficava. No final do almoço, Herman Krannert se levantou e disse: "Senhor presidente, quero que você entenda que não posso aceitar essa promoção. Não serei uma marionete para ninguém em um tabuleiro de diretores ou em qualquer outro lugar". Em seguida, ele acrescentou: "Não só isso, mas não vou trabalhar para uma empresa onde tais exigências são feitas. Eu me demito".

Ele voltou para Indianápolis naquela noite, procurou a sua esposa e disse: "Você ficará animada em saber que hoje fui promovido a vice-presidente executivo, me tornei um membro do conselho de administração e pedi demissão".

Ela disse: "Você se demitiu? Perdeu o juízo?". Mas quando ele lhe contou o que tinha acontecido, ela foi muito solidária e disse: "Bem, acho que teremos que encontrar outro emprego".

Quatro noites depois, uma batida à porta. Seis executivos seniores da empresa adentraram, todos animados. "Herman, nós ouvimos o que aconteceu no outro dia. Achamos que essa é a melhor coisa que já ouvimos. Na verdade, nós nos demitimos também."

"O que vocês querem dizer, vocês se demitiram também?", Herman perguntou.

"É isso, Herman. Nós nos demitimos também, e aqui está a boa notícia. Vamos trabalhar para você."

"Como vocês vão trabalhar para mim? Eu nem tenho um emprego."

Eles responderam: "Nós achamos que você vai encontrar alguma coisa, Herman, e, quando você fizer isso, vamos trabalhar para você". Naquela noite, aquelas sete pessoas se sentaram à mesa da sala de jantar de Herman Krannert e criaram o Inland Container Corporation, uma organização que existiu por gerações, porque um homem, em 1918, recusou-se a fazer concessões quanto às suas crenças essenciais.

Herman Krannert foi forçado a tomar uma decisão importante. A sua escolha era óbvia: comprometer suas crenças e viver uma mentira ou arriscar tudo. O que você teria feito? No que você acredita? Quais são as suas crenças essenciais? Você deve reconhecê-las e viver por elas como Herman Krannert fez – ou nunca será livre. Você será uma marionete de outra pessoa.

Vou lhe dizer em que acredito. Eu acredito em Deus. Acredito em uma presença onipotente, onipresente e onisciente que opera de uma maneira muito exata, mais comumente chamada de *lei*. Acredito que esse poder me dará o que peço todas as vezes e sem exceção. Se eu pedir forças para andar onde nunca estive antes, a força estará lá quando eu precisar. Se preciso de uma ideia criativa para resolver um problema, receberei a inspiração no momento certo.

Eu acredito na Lei dos Opostos, também conhecida como a Lei da Polaridade. Se você pode ver uma situação negativa, sabe que há algo positivo escondido em algum lugar dentro da situação e, se procurar, irá encontrar. Se arriscar-se é sujeitar-se a uma chance de perda, por lei, você com certeza também estará sujeito a uma vitória. No entanto, deve ter em mente que as leis são exatas e devem ser entendidas.

A Lei da Polaridade não se limita apenas a afirmar que tudo tem um oposto; tudo tem um oposto *igual*. Se o risco for pequeno, a vitória também será. No entanto, o tamanho do risco que você assume não é tão importante. O que é importante é que você deve se recusar a ser alguém totalmente seguro. Assumir pequenos riscos levará a riscos maiores. Grandes árvores crescem a partir de pequenas sementes.

Infelizmente, poucas pessoas aprenderam algo construtivo sobre assumir riscos quando eram crianças. Quando éramos crianças, nossos pequenos ouvidos ouviam constantemente: "Tenha cuidado. Você pode cair". O que eles queriam dizer com *pode* cair? Nós *de fato* caímos. Nós *íamos* cair. De onde foi que eles tiraram essa coisa de "pode"?

Pense em como estaríamos mais bem-equipados para enfrentar os desafios da vida e ter sucesso se tivéssemos ouvido: "Arrisque-se e não se preocupe em cair, porque você vai cair com frequência. Cair é uma parte importante do aprendizado. Muitas das maiores lições que você receberá na vida virão da queda, de seus fracassos. Falhar nunca fará de você um fracasso, a menos que você desista".

Infelizmente, poucas pessoas ouviram isso quando eram pequenas. A grande maioria da nossa população foi mentalmente programada para não arriscar.

Um bebezinho já nasce propenso a correr riscos. O bebê nunca considera as consequências de cair quando está aprendendo a andar. A queda é reconhecida como uma consequência natural de aprender a andar. Não é apostar. Todo mundo sabe que o bebê vai cair; mas que, em última análise, vai aprender a andar. Nem o bebê, nem os pais do bebê jamais iriam considerar a possibilidade de o bebê *não* aprender a falar ou dominar uma infinidade de habilidades motoras simplesmente evitando tropeços.

O que acontece conosco? Por que entramos no mundo de uma maneira, e a maioria de nós o deixa de outra maneira? Por que não vemos o processo de alcançar nossos objetivos como ter passos semelhantes aos que o bebê deve dar para aprender a andar? Haverá alguns tropeços e quedas no processo de aprendizagem; no entanto, só poderemos alcançar o sucesso quando estivermos preparados para dar esses passos, todos eles, mesmo aqueles em que podemos cair. Você deve desafiar a si mesmo constantemente.

Quando eu era jovem na escola, participava do atletismo. O salto com vara era a minha especialidade. Era o único evento em que eu parecia me sair muito melhor do que outros. Eu mais derrubava o sarrafo do que passava sobre ele. Também me lembro de não ficar muito entusiasmado quando isso acontecia. Suponho que derrubar o sarrafo me deixava com a sensação de que eu havia falhado, e, como me lembro, ninguém me dizia o contrário disso.

Refletindo sobre aqueles dias, posso ver com clareza que aqueles tempos teriam sido uma tremenda oportunidade para os professores me ajudarem a entender uma das maiores lições da vida, mas isso nunca aconteceu. Levaria muitos anos até que eu aprendesse a verdade da maneira mais difícil: sucesso não significa alcançar o objetivo. Sucesso significa se mover em direção ao objetivo.

Quando eu derrubava a barra, estava tentando alcançar o objetivo. Estava me esticando, esforçando-me ao máximo. Isso dificilmente poderia ser considerado um fracasso. Toda vez que eu tentava ultrapassar aquela barra, estava correndo o risco de ser ridicularizado pelas outras crianças. Eu corria o risco de elas rirem de mim quando eu perdesse, e elas riam.

Toda vez que eu corria pelo campo, apoiando a vara na caixa, tentando saltar sobre o sarrafo, estava me desafiando. Assumir riscos é essencial quando você quer alcançar um objetivo, e o propósito das metas é o crescimento.

Quando você se desafia, está trazendo mais de si mesmo para a superfície. Se derrubar o sarrafo ao pular hoje, pelo menos saberá que está se desafiando. Você é um sucesso. Intelectualmente, você pensa o contrário, mas sua mente intelectual não determina os resultados que você recebe na vida. O seu comportamento e os seus resultados são a expressão de seu subconsciente condicionado, aquela parte de sua personalidade que está abrigando a ridícula informação de não se arriscar que foi passada de uma geração para outra por muito tempo.

Mais de 90% de nós somos o produto da maneira de pensar de outra pessoa. Tome uma decisão de mudar agora mesmo. Decida neste exato momento que, a partir de agora, não haverá mais esquiva dos riscos – apenas liberdade. Chega de se preocupar em economizar para um dia chuvoso. Quando as pessoas ficam presas ao hábito de economizar para um dia chuvoso, geralmente é isso que elas conseguem – um dia chuvoso. Esqueça. Arrisque-se. Abra as portas da sua mente e saia para onde o sol brilha. Faça mágica. Basta de dias chuvosos. Você pode receber raios de sol com chuviscos, mas não dias chuvosos. Se você sonha em viver sua vida de uma maneira realmente grandiosa, deve aceitar que assumir riscos é parte do aprendizado que tem de obter.

Por acaso você se sentou ultimamente, completamente relaxado, e brincou em sua mente com a ideia do que planeja fazer pelo resto de sua vida? Se não o fez, é um ótimo exercício. Este é um mundo fascinante, e você tem o que parecem ser poderes quase mágicos trancados dentro de si. Pode tomar as próprias decisões, fazer as próprias apostas. Na verdade, não há nada que o impeça.

Lembro-me claramente da primeira vez que ouvi uma gravação motivacional de Earl Nightingale. Suas palavras acenderam um fogo dentro de mim que fica mais intenso a cada dia.

Earl contou uma história sobre um fazendeiro que estava andando em um campo. Ele olhou para baixo e viu uma pequena abóbora crescendo em uma videira. Perto dali, avistou um pequeno frasco de vidro. O fazendeiro estendeu a mão e colocou a pequena abóbora dentro do pequeno frasco. A abóbora continuou a crescer até encher o interior do frasco, além do qual não era possível crescer.

Há muitas pessoas como essa pequena abóbora. Elas se limitam. Elas se recusam a correr riscos. Elas nunca realmente testam a força de suas habilidades.

Um dos meus autores favoritos é G. I. Gurdjieff. Ele escreveu: "A primeira razão para a escravidão interior do homem é a sua ignorância e, acima de tudo, a sua ignorância de si mesmo. Sem autoconhecimento, sem compreender o funcionamento e a função de sua máquina, o homem não pode ser livre. Ele não pode governar a si mesmo. Ele sempre permanecerá sendo um escravo, o brinquedo das forças que agem sobre ele". É por isso que, em todos os ensinamentos antigos, a primeira exigência no início do caminho para a libertação era conhecer a si mesmo. "Conhece-te a ti mesmo" é um conselho libertador.

Imagine que você tenha recebido cinco cartas em um jogo de baralho. As cartas estão deitadas na mesa à sua frente, mas você não sabe com quais está jogando até pegá-las e olhar para o outro lado, para ver com o que está lidando.

A vida é muito parecida com um jogo de cartas. Só depois que olha para o outro lado de si mesmo, o interior, é que você sabe com o que tem de trabalhar. Conhece-te a ti mesmo.

Deixe-me voltar àquela maravilhosa citação sobre risco e resistência do falecido William Penn Patrick: "Nenhuma pessoa, ideia ou instituição se torna grande até que grande resistência tenha sido encontrada. A grandeza não pode ser alcançada até que esse conceito seja compreendido. Infelizmente, a pessoa comum é ignorante em relação a essa regra para realização".

Reserve um momento e agradeça à memória de William Penn Patrick por essas belas palavras de sabedoria. Milhares de homens e mulheres foram inspirados a continuar seguindo adiante a partir do que ele compartilhou conosco. A revisão constante dessas palavras, até que elas se tornem ressonantes em seu subconsciente, irá inspirá-lo também.

O sr. e a sra. Comum, em sua ignorância, têm medo e relutam em correr riscos, em enfrentar até mesmo a menor resistência. Eles não querem criar problemas ou ser criticados, e acreditam que a crítica os restringirá e impedirá de alcançarem a felicidade. Na verdade, o que ocorre é o oposto.

Anote: quando começamos a assumir riscos reais, primeiro enfrentamos resistência de nossos entes queridos. Eles temem a mudança, porque mudar significa enfrentar o desconhecido. Quando começamos a ter conquistas rápidas ou nos comprometermos com o progresso rápido, nos deparamos com barreiras levantadas por nossos amigos e parentes. Eles começam a resistir com comentários e ações negativas, que são dispositivos para nos levar a manter o *status quo*. "Não se arrisque, tenha certeza, seja cauteloso." É isso que eles estão nos pedindo para fazer. Se quiser alcançar um grande progresso, você deve assumir riscos e se impor sobre aqueles mais próximos. Isso é difícil e requer coragem, porque você deseja agradar, e não machucar aqueles que ama.

A verdade é que um grande mal recai sobre seus entes queridos quando você deixa de ser você mesmo e de fazer o que quer, porque você perde o entusiasmo pela vida. O seu processo de crescimento para, e sua autoestima diminui. Você reverte esses pontos negativos quando se mantém firme, quando assume os riscos. Quando você triunfa, os seus entes queridos adquirem um novo e maior respeito por você.

A história registra inúmeros eventos que comprovam isso. Temos a sorte de ter uma resistência tão grande. Ela é uma evidência de nossa grandeza e nos fornece a energia para nos arriscarmos, impormo-nos, conquistarmos e dominarmos.

Esses próximos e poucos anos registrarão uma história brilhante e estabelecerão um lugar permanente para o nosso modo de vida, que é a liberdade de ser e realizar sonhos por um mundo melhor, por nós mesmos, por nossos filhos e por toda a humanidade. Entenda nossa batalha e fique satisfeito por você fazer parte da construção da história. O trabalho que você faz hoje pode proporcionar uma nova liberdade e esperança para milhões que ainda estão por vir.

Pense em onde você está na vida, o sucesso que está desfrutando. Pense no que aconteceu para você chegar aonde está. O que quer que tenha sido necessário para chegar ao ponto em que você está não será suficiente para mantê-lo lá. Ninguém nunca chega. Os riscos e a resistência nunca terminam se você quer melhorar sua posição. Ou você está melhorando sua posição, ou está retrocedendo.

Quantas vezes você já viu pessoas bem-sucedidas caírem em desgraça depois de atingirem o auge de suas carreiras? Você precisa continuar buscando, continuar fazendo, procurando por novas e melhores formas de crescer, de mudar, de expandir além da posição que alcançou. Você deve continuar a assumir riscos.

Não estou falando aqui de mudança pela mudança, mas de mudança para o crescimento. Não importa o quanto mudamos, desde que estejamos mudando, arriscando, melhorando e crescendo. A fim de continuar um movimento positivo e dinâmico em nossas vidas pessoais e empresariais, precisamos de uma pista para corrermos. Precisamos frequentemente nos fazer perguntas profundas e penetrantes como um *check-up* constante. Responder a essas perguntas honestamente o conscientizará de que sua vida pode fazer a diferença, uma grande diferença. Você tem o talento e a habilidade, juntamente com uma fonte infinita de potencial, para se desenvolver em algo grande, para fazer um trabalho que realmente valha a pena.

George Bernard Shaw disse: "Esta é a verdadeira alegria da vida – ser usado para um propósito reconhecido por você mesmo como algo poderoso; ser uma força da natureza em vez de um pequeno torrão febril e egoísta de doenças e queixumes de que o mundo não se dedica a fazer você feliz". A citação de Shaw deveria ser colocada em todos os locais de trabalho, casas e escolas. Como ele diz, a verdadeira chave para viver uma vida plena está em fazer um ótimo trabalho, mas o ótimo trabalho é sempre precedido por muitos riscos.

Lembro-me de uma palestra que ouvi há muitos anos, em Chicago, quando trabalhei com Earl Nightingale. Earl estava falando em uma reunião que estávamos conduzindo. Ele disse que estávamos rapidamente chegando a um ponto em que quase endeusaríamos o tempo de lazer. Ele sentia que isso era bastante triste, porque todo o nosso verdadeiro prazer vem do nosso trabalho, não do nosso lazer. O trabalho é feito para nós, e não nós feitos para o trabalho.

Pense, pense de verdade. O seu maior sentimento de satisfação é sempre seguir algum grande risco. Decida fazer um trabalho que valha a pena hoje. Saia da sua zona de conforto. Faça isso agora mesmo.

O risco sobre o qual você está refletindo pode causar medo. Você pode estar com medo. Entenda que não há nada de errado em ter medo – todo mundo pode ficar cheio de medo de vez em quando –, mas nunca devemos permitir que o medo nos detenha.

Muitas vezes encontramos pessoas que têm medo do escuro. Algumas têm medo de encontrar estranhos. Isso pode parecer bobo, e, na verdade, ter medo é bobo; no entanto, o medo é real. A causa dele é a ignorância. Hoje existem milhares de pessoas que têm medo de perder seus empregos ou seus negócios. O que devemos fazer quando estamos com medo?

Peguei um ótimo conselho de uma revista: *Aja, mesmo com medo.* Isso mesmo. Aja, mesmo com medo. Recuse-se a permitir que esse demônio negativo controle você, suas emoções ou suas ações. Eleanor Roosevelt disse muito bem: "Você ganha força, coragem e confiança por meio de cada experiência em que realmente para a fim de encarar o medo cara a cara". Ao seguir o conselho dela, você se libertará do estado emocional incapacitante causado pelo medo.

Grave esta ideia no interior de sua mente maravilhosa: *você é capaz de realizar qualquer coisa que seja capaz de visualizar.* Se você é pai ou mãe, faça questão de inundar as pequenas mentes sob seus cuidados com esse conceito. Quando crescerem, lhe agradecerão um milhão de vezes, e os filhos de seus filhos também.

Enquanto estamos pensando em crianças, vamos dar um alerta. Há uma expressão usada pela maioria dos pais com tanta frequência perto de seus filhos que as crianças a assimilam e, em pouco tempo, ela fica enterrada no tesouro do subconsciente delas. A expressão é *não consegue.* Ela tem causado mais danos do que todas as outras expressões juntas. *Não consegue* são duas palavras que paralisam qualquer progresso construtivo. Elas mudam sua mente para uma frequência negativa. Essas palavras abrem a mente para um interminável fluxo de razões lógicas e práticas que lhe permitirão justificar por que você não é capaz de fazer algo que quer realizar.

A única alternativa a essa expressão é o oposto dela: *eu consigo. Eu consigo* é muito mais importante do que o QI. Você não precisa necessariamente ser muito inteligente para vencer, mas deve estar disposto a isso.

Para ajudá-lo a se preparar para uma vida de risco e aventura, permita-me resumir vinte pontos-chave.

1. É preciso assumir riscos, porque o maior perigo na vida é não arriscar nada.
2. Você pode evitar o sofrimento e a tristeza se não se arriscar; mas simplesmente não será capaz de aprender, sentir, mudar, crescer, amar ou viver.
3. Somente uma pessoa que se arrisca é livre.
4. Risco não é sinônimo de jogos de azar.
5. Quais são as suas crenças essenciais? Você deve reconhecê-las e viver de acordo com elas.
6. Se arriscar-se é sujeitar-se a uma chance de perda, por lei, você com certeza também estará se sujeitando a uma vitória.
7. Árvores grandes crescem a partir de sementes pequenas.
8. Falhar nunca fará de você um fracasso, a menos que você desista.
9. Sucesso não é alcançar o objetivo. Sucesso significa se mover em direção ao objetivo.

10. Quando as pessoas ficam presas ao hábito de economizar para um dia chuvoso, geralmente é isso que elas conseguem – um dia chuvoso.

11. Gurdjieff disse: "A primeira razão para a escravidão interior de um homem é a sua ignorância e, acima de tudo, a sua ignorância de si mesmo".

12. Nenhuma pessoa, ideia ou instituição se torna grande até se deparar com uma grande resistência.

13. Quando começamos a correr riscos reais, primeiro enfrentamos resistência de nossos entes queridos.

14. Quando você assume os riscos e triunfa, seus entes queridos adquirem um novo e maior respeito por você.

15. O que quer que tenha sido necessário para chegar ao ponto em que você está não será o suficiente para mantê-lo lá.

16. George Bernard Shaw disse: "Esta é a verdadeira alegria da vida – ser usado para um propósito reconhecido por você mesmo como algo poderoso".

17. Earl Nightingale disse: "Estamos rapidamente chegando a um ponto em que quase endeusamos o tempo de lazer". Ele sentia que isso era bastante triste, porque todo o nosso prazer vem do nosso trabalho, não do nosso lazer.

18. Grave esta ideia no interior de sua mente maravilhosa: você é capaz de realizar qualquer coisa que seja capaz de visualizar.

19. *Não consegue* são palavras que paralisam qualquer progresso construtivo. Substitua-as pelo oposto delas, *eu consigo*, que é mais importante do que o QI.

20. A bela verdade, que nos foi dada por Helen Keller, é: "A segurança é um mito. Se a vida não for uma série de riscos, então ela não é nada".

4

[PERSISTÊNCIA]

Em 1953, um apicultor de Auckland, Nova Zelândia, ganhou reconhecimento mundial, seguido por fama e fortuna. Sir Edmund Hillary e seu guia nativo, Tenzing Norgay, tornaram-se as duas primeiras pessoas a escalar o Monte Everest e a retornar com segurança, depois de terem tentado e fracassado em duas tentativas anteriores. Hillary foi condecorado pela rainha Elizabeth por suas realizações.

Hillary tinha dois pontos fortes óbvios que o levaram ao topo: visão e persistência. Sem persistência, todas as suas habilidades não teriam significado nada. Essas qualidades e características são as mesmas de que você precisa para levar a si mesmo ao topo de sua montanha. Você é confrontado por montanhas todos os dias. Pode escalá-las ou permanecer na encosta. Qualquer pessoa de sucesso lhe dirá que a persistência é absolutamente essencial para escalar as montanhas.

Os indivíduos que permanecem nas encostas das colinas nunca escolheram desenvolver essa força. Eles sonham em ser estrelas. Querem receber fama e fortuna, mas a fama não é uma pretendente qualquer. A fama só aparece depois que um alto preço foi pago, e as pessoas mais pobres que marcham nas encostas das colinas se recusam a pagar esse preço.

Napoleon Hill escreveu, no livro *Quem pensa enriquece*: "Pode não haver conotação heroica para a palavra *persistência*, mas essa qualidade é para o caráter do ser humano o que o carbono é para o aço". Hill estava certo. A persistência é uma força mental única, uma força que é essencial para combater esse poder feroz de repetidas rejeições e inúmeros outros obstáculos que ficam à espera e fazem parte da vitória em um mundo de rápida e constante mudança.

Existem centenas de biografias de homens e mulheres altamente bem-sucedidos que abriram um caminho para que outros seguissem, deixando sua marca nos pergaminhos da história. Cada um desses grandes indivíduos era persistente. Em muitos casos, era a única qualidade que os separava de todas as outras pessoas.

Considere Ben Hogan. Ele pesava apenas 61 quilos, mas cada grama estava repleto de persistência. Nascido em uma família pobre, quando menino, Ben começou a trabalhar em um clube de golfe local para ganhar um dinheiro extra. Isso levou ao nascimento de um sonho. Ele se tornaria um grande jogador de golfe. Por meio de muito trabalho duro, prática e persistência, Ben se tornou um dos maiores golfistas do mundo. Em 1948, ganhou o United States Open Championship.

As realizações de Ben lhe renderam reconhecimento mundial, mas ele ainda não havia enfrentado a sua montanha. No ano seguinte, Ben se envolveu em uma colisão frontal com um ônibus. Ele o viu chegando, mas não pôde evitá-lo. A sua esposa estava no banco da frente do carro com ele. Em uma tentativa de protegê-la (o que ele conseguiu), ele se jogou na frente dela. O corpo de Ben foi esmagado. Os policiais que chegaram ao local pensaram que ele estivesse morto. Havia destroços por toda a rodovia. Os destroços incluíam seus tacos de golfe, que estavam espalhados por todo o lugar.

Quando eles estavam colocando Ben na ambulância, a sra. Hogan perguntou a um policial se ele poderia, por acaso, pegar os tacos de golfe do seu marido para ela. O oficial olhou para ela e respondeu: “Senhora, ele não vai mais precisar desses tacos”. A Sra. Hogan rapidamente avisou o policial que ele obviamente não sabia quem ele tinha acabado de colocar na ambulância.

Quando eles levaram Ben para o hospital, ele estava vivo; mas não se esperava que vivesse. Os melhores médicos do país foram levados para operá-lo. Na opinião deles, se ele vivesse, certamente nunca mais voltaria a andar.

Essa era a opinião deles, mas não a de Ben Hogan. Ele insistiu que seus tacos de golfe fossem colocados no quarto do hospital, onde ele poderia vê-los. Exigiu que uma barra de exercícios fosse montada sobre sua cama, mesmo que ele não pudesse mover os braços, muito menos levantar o corpo. A equipe do hospital trouxe a barra de exercícios apenas para satisfazê-lo. Sentiram pena dele. Fatos negativos *versus* desejos, sonhos, persistência. Agora você sabe o que vai ganhar. O sonho, é claro, ganha todas as vezes.

Um ano após a data do acidente, Ben Hogan igualou a marca de Sam Snead, um dos maiores golfistas de todos os tempos, em um torneio que muitos jogadores abandonaram por causa da chuva. Ben Hogan passou a escrever seu nome nos livros de história do golfe, vencendo 54 grandes torneios após esse acidente.

É muito fácil apenas dizer que Ben Hogan teve um sonho. O sonho de Ben Hogan havia se tornado uma obsessão. Ben não estava usando o sonho. Possivelmente, nos estágios iniciais, ele estava, mas não por muito tempo. Não, o sonho estava usando Ben. O grande psicólogo Alfred Adler acertou em cheio quando disse: “Sou grato pela ideia que me usou”.

A ideia de persistência preencheu todas as células de Ben Hogan, porque seu desejo era muito forte. A persistência é a estrela. Compreenda adequadamente isto em sua mente: a persistência fará de você uma estrela. Ela lhe dará o *status* de número um em todo o mundo.

Muitos anos atrás, falei com um grupo de empresários em Fort Worth, no Texas. O encontro foi realizado no Colonial Golf and Country Club. Esse é o clube de Ben Hogan. Antes do meu discurso, tive a sorte de ver os 54 troféus que Ben ganhou após seu trágico acidente. Os troféus estão lá, em exibição, para encorajar os fracos de mente e para lembrar e reforçar os fortes.

Outra pessoa que demonstrou apropriadamente o quão longe a persistência pode levá-lo é o falecido Charley Boswell. Charley era empresário, vendedor, autor e golfista de Birmingham, Alabama. Ele realizou inúmeros campeonatos nacionais e internacionais de golfe, mas o que realmente o distingue é que ele era cego. Isso mesmo. Charley Boswell perdeu a visão depois de estar em um tanque que foi explodido na Segunda Guerra Mundial. Vender, jogar golfe e escrever foram todas as atividades em que Charley se envolveu desde o trágico acidente. Você acha que Charley Boswell é persistente? Bem, você acha?

Todo ator ou atriz tem o sonho de se tornar estrela, mas todos eles enfrentam diretores caprichosos ou agentes de elenco que podem lhes dificultar o progresso. Como artista, você deve manter esta bela verdade firmemente plantada na mente: os diretores caprichosos e agentes de elenco do nosso mundo são sempre anulados pelas leis do universo. Apenas você deve decidir desistir ou continuar quando essas montanhas inevitáveis surgirem no caminho para o seu objetivo.

Toda indústria tem empreendedores e vendedores. Para cada estrela, há pelo menos vinte amadores, e 20% dos vendedores levam para casa 80% das comissões. O aspecto belo das vendas é que você decide a qual porcentagem pertencerá.

O que quer que você imagine e no que quer que acredite, deve alcançá-lo por meio da persistência. Se está em uma situação empresarial ou não, decida agora mesmo ser uma daquelas pessoas que fazem algo acontecer – decida fazer parte dos grupos que recebem a maior parte dos lucros.

Para se juntar a esse seleto grupo de grandes produtores, você deve começar seus exercícios de persistência agora. Faça da persistência o seu músculo mental mais bem desenvolvido. A persistência não pode ser substituída por qualquer outra qualidade. Habilidades superiores não irão entrar no lugar dela. Uma educação formal completa não é capaz de a substituir, nem planos calculados ou uma personalidade magnética o serão. Quando você for persistente, se tornará um líder em sua atividade.

Anos atrás, peguei uma obra literária que ilustra perfeitamente esse ponto. Deixe-me compartilhá-la com você. Ela foi escrita por Calvin Coolidge e se chama *Persistência.*

> *Nada no mundo pode tomar o lugar da persistência. O talento não o fará – nada é mais comum do que pessoas malsucedidas com talento. A genialidade não o fará – genialidade não recompensada é quase um ditado popular. A educação não o fará – o mundo está cheio de indigentes educados. A persistência e a determinação por si sós são onipotentes. O slogan "avance" resolveu e sempre resolverá os problemas da raça humana.*

Na minha opinião, as pessoas que nunca enfrentam as montanhas, que vagam perpetuamente na encosta das colinas, mentiram para si mesmas e para todos os outros que lhes deram ouvidos. Elas mentiram tantas vezes e por tanto tempo que nem sequer estão cientes do que estão fazendo. Elas dizem que estão satisfeitas com seus resultados.

Dirão que escalar uma montanha não é importante para elas e que estão se dando muito bem do jeito que estão.

As probabilidades são de que elas secretamente tenham começado a escalar a montanha, anos atrás, e ficaram com medo. Atingiram a barreira do terror, rapidamente recuaram para sua zona de conforto e estão se escondendo atrás de sua própria falsa lógica desde então. Frequentemente justificam seu desempenho medíocre com declarações do tipo: "Por que eu deveria me esforçar? Quando eu chegar lá, o chefe só vai querer mais".

Esses pobres e improdutivos indivíduos estão perdidos ou, na melhor das hipóteses, equivocados. Se você não é capaz de acordá-los, pelo menos não permita que o puxem para a armadilha deles. Quando você entrar em contato com essas pobres almas, deixe-as servir como um gatilho para melhorar o seu compromisso de se tornar mais persistente.

O que o meu dicionário *Webster* tem a dizer sobre persistência é: "continuar, especialmente a despeito da oposição ou das dificuldades". Mas falta algo nessa mensagem: *como fazer isso*. Como você se torna uma pessoa persistente?

A persistência é tão essencial para o sucesso quanto o ovo é para a galinha, mas a persistência nunca é desenvolvida por acidente. Você não nasce com ela, não pode herdá-la, e não há ninguém no mundo inteiro que possa desenvolvê-la para você. Em última análise, a persistência se torna um modo de vida, mas não é aí que ela começa. Para desenvolver a força mental da persistência, você deve primeiro querer algo. Você tem que querer tanto algo que isso se torne um desejo intenso, uma paixão. Você deve se apaixonar pela ideia – sim, literalmente se apaixonar pela ideia.

Magnetize-se por cada parte da ideia. Então a persistência será automática. A própria ideia de desistir se tornará odiosa, e qualquer um que tente tirar seu sonho de você, pará-lo ou até mesmo retardá-

-lo estará em sérios problemas. Dificuldades, obstáculos, montanhas definitivamente aparecerão com regularidade, mas, por causa da sua persistência, você os derrotará todas as vezes.

Isso o deixa na encruzilhada para a qual todo livro de autoajuda, todo vídeo motivacional e todo seminário o leva. Você deve decidir o que quer, o que realmente quer, bem lá no fundo – ou permanecerá na encosta cercado por perdedores. Esse é um assunto que tenho estudado por toda a minha vida adulta, e posso lhe dizer que sei com certeza. Poucas pessoas admitem para si mesmas que "isso é o que eu quero, isso é o que eu realmente quero, e estou preparado para dar a minha vida por isso".

Esta última declaração pode fazer com que você se sente e diga: "Espere um pouco", e está tudo bem, mas você deveria seriamente pensar nisso, porque já está dando a sua vida pelo que está fazendo. O que você está fazendo? Está trocando a sua vida pelo quê? Está fazendo uma troca justa? Lembre-se, o que quer que você esteja fazendo, foi sua decisão – ou será que foi? Você poderia ser uma daquelas pessoas pobres que vêm vagando na encosta, deixando que outras pessoas decidam a direção para onde você está indo e o que está fazendo com a sua vida; apenas seguindo, sempre seguindo. É aí que a maioria das pessoas vive.

Se for esse o caso, tudo bem. Não deixe que isso o incomode por mais um valioso segundo de sua vida. Perdoe a si mesmo e perdoe esse modo de vida. Apenas abandone isso para sempre. Trate esta mensagem sobre persistência como o seu chamado para despertar. Ela o ajudará a sair da encosta e o levará ao topo da montanha, até o cume. Ela não é um teleférico. Não tornará a subida mais fácil. Você ainda vai atrair os problemas necessários, mas esta mensagem vai definitivamente tornar a subida ao topo da montanha muito mais divertida. Também irá ajudá-lo a desenvolver a atitude mais forte possível, a certeza, o conhecimento interior de que você irá chegar ao topo. O cume será seu, e a vista do topo vai ser incrível. Será recompensa suficiente para todos os problemas que você encontrou para chegar lá.

Falando sobre cumes e persistência, vamos voltar e pensar sobre Edmund Hillary. Que tipo de paixão você acha que ele sentiu por seu objetivo? Ele provavelmente queria muito escalar aquela montanha. Pense no desgaste físico e mental a que ele estava se sujeitando. Ele obviamente estava preparado para dar a vida pelo que queria. Todas as pessoas que já haviam tentado escalar o Everest, desde onde os registros históricos vão, ou falharam miseravelmente ou tiveram uma morte trágica tentando.

Quando a maioria das pessoas pensa em Hillary e em suas expedições, perguntam: “O que fez com que ele prosseguisse ano após ano?”. Ele *queria*. Foi isso que o fez prosseguir. Foi por isso que ele foi persistente. Ele queria, realmente queria em um nível instintivo, queria algo o suficiente para prosseguir.

Quando uma pessoa não entende isso, ela geralmente pergunta: “Por quê? Por que ele queria?”. Ele não sabia por quê. Ele não precisava saber o porquê. O *porquê* não era importante. *Querer* era importante. Pessoas persistentes nunca sabem *por que* elas querem. Elas só sabem que querem e que devem ter algo. Para ter algo, elas devem fazer, e, para fazer, elas devem ser. Elas querem tanto algo que ficam imaginando isso até que se torne a materialização viva daquilo que a vontade representa, seja o que for, pois esses são passos que devem ser seguidos para que o processo criativo funcione em nossa vida. Hillary se tornou alpinista.

Os porquês em nossa vida são uma bênção do espírito. Eles são a maneira do espírito de nos transformar em instrumentos perfeitos por meio do qual ele pode se expressar. O espírito está sempre em busca da expansão e de uma expressão mais completa. A sua essência é espiritual. O espírito está dizendo à sua consciência: “Aqui, queira isso. Realmente queira. Quando quiser isso o suficiente, você irá se transformar na pessoa que é capaz de fazer um grande trabalho". Você é digno de ter o que quiser.

É por isso que pessoas comuns têm feito um trabalho extraordinário, ouça atentamente; essa é uma das maiores e mais libertadoras verdades que você jamais ouvirá. Pessoas comuns fizeram coisas extraordinárias porque conscientemente reconheceram algo que queriam e se recusaram a suprimi-lo ou descartá-lo. Elas não desistiram, mesmo que o fracasso, a rejeição, a falência ou a morte as estivessem olhando nos olhos.

Tinha que ser assim – ou as pessoas comuns nunca fariam o extraordinário. Elas nunca iriam persistir. O poder da vontade delas e a intensidade de sua persistência fizeram com que recorressem a recursos que antes não sabiam que tinham. Elas expressaram o que tinham dentro de si – a grandeza.

Quando a vontade for fraca, você irá desistir no primeiro obstáculo. A vontade adequada é essencial para a persistência. Os brinquedos, como carros, casas e dinheiro, virão automaticamente até você. Eles raramente representam o sucesso real.

Toda vez que penso em pessoas como Hogan e Hillary, penso sobre o que outro homem muito comum, que fez algo extraordinário, disse sobre situações como essa: "Se o sonho é grande o suficiente, os fatos não contam". Sam Kalenuik disse isso – e ele sabe do que está falando. Sam é uma ótima pessoa. Ele também é copresidente da Matol Botanical International e um dos homens mais ricos que conheço. Pense nisso. Quando alguém lhe apresenta um fato enorme, ruim e negativo, que mostra que você não pode fazer o que seu coração lhe diz que deve fazer, você pode sorrir para o portador e se lembrar silenciosamente do que Sam disse. Em seguida, persista.

Como uma ideia, um desejo, um sonho conseguem controlar tanto uma pessoa que a persistência se torna uma consequência natural dela? Napoleon Hill explicou isso muito bem. Ele disse que, no início, a ideia e o desejo têm que ser persuadidos, acalentados e instigados apenas para permanecerem vivos; no entanto, gradualmente a ideia assumirá um poder próprio e varrerá toda a oposição. Ela então irá persuadir, acalentar e conduzir você. Ele continuou explicando que as ideias são assim. Elas têm mais poder do que os cérebros físicos que as geraram. Elas têm o poder de viver por muito tempo mesmo depois que o cérebro físico que as criou se transformou em pó.

Foi o que aconteceu com Ben Hogan. Acho que, se a verdade fosse conhecida, ele não teria muita escolha. Anos antes, ele havia entregado sua vontade à ideia de se tornar o maior golfista do mundo. Nada poderia afastá-lo dessa ideia. Todo o seu ser mental foi direcionado para realizar o que fosse necessário para que essa ideia assumisse a forma física.

Você já decidiu o que quer? O seu desejo é tão forte assim? É quase uma perda de tempo tentar desenvolver persistência se o desejo não estiver lá. Os problemas da vida irão derrotá-lo. Os problemas da vida são inúmeros. Eles vêm com frequência e muitas vezes são gigantescos, mas – sim, há um *mas* –, quando o sonho é grande o suficiente, os problemas serão vencidos, e os fatos não importarão.

Pense no que a persistência fez por Ben Hogan. Ela salvou a sua vida. Deu-lhe vida. A persistência salvará a sua vida. Dará vida a você. Se você está tendo problemas com a persistência, a sua vontade é provavelmente insignificante. Ela não é grande o suficiente. Essa é provavelmente a causa do seu problema. Olhe em volta. É um problema comum. A falta de persistência é quase sempre um sintoma do problema real. Você deve dar prioridade a estes dois conceitos em sua vida: vontades e persistência. A sua vida será superficial se você não priorizar esses dois. Você viverá como um peixe pequeno nas águas rasas.

Quero instigá-lo a vir aqui, ao fundo das águas da vida. A vista é espetacular. As pessoas que você conhece são tremendas. Elas são focadas, dinâmicas, são indivíduos criativos. A energia é intensa, muito intensa.

A persistência fará com que você expresse o que tem, e, quando você fizer isso, a fama, que não é uma pretendente qualquer, certamente terá o seu número e ligará para você. A fortuna será sua para a possuir.

Você vence a resistência com a persistência. As pobres pessoas na encosta das colinas não aprenderam isso. A resistência continua batendo nelas, fazendo-as choramingar e apontar culpados. Elas não aprenderam que são o único problema que sempre terão. Por causa de sua atitude de perdedores – "Sinto pena de mim. Por isso é que não vai dar certo" –, elas nunca persistem até que o trabalho seja feito. Elas desistem. São espancadas. As pobres pessoas na encosta nunca experimentaram a glória da realização, sua recompensa. Nunca são recompensadas. Pergunte a elas. Elas vão lhe dizer. As outras pessoas sempre se aproveitam delas. É "pobre de mim". As pessoas nas encostas das colinas não entram. Elas estão muito consumidas pelo que está acontecendo lá fora. Outras pessoas causam os problemas com os quais elas se deparam.

As pessoas nas encostas das colinas já me olharam nos olhos e me disseram: "Bob, você não entende, não é? Você simplesmente se recusa a olhar para os números". Flo Ziegfeld, de *Ziegfeld Follies*, disse: "As pessoas que contam são pessoas infelizes".

Faça do seu desejo algo grande, e você irá persistir. Tente convencer a pessoa na encosta das colinas de que você não está fazendo o que está fazendo por fama e fortuna, mas por realização, e ela vai balançar a cabeça. Ela acredita firmemente que você está mentindo. Fama e fortuna são boas e o ajudarão a aumentar o seu conforto físico, além de, provavelmente, contribuírem para a sua criatividade, mas a verdadeira recompensa é a realização. Realização é conhecer por dentro e saber que você sabe. Ah, sim, realização é definitivamente a recompensa. Você a tem?

Decida o que realmente quer, e você será persistente. Lembre-se do que Sam Kalenuik disse: "Se o desejo é grande o suficiente, os fatos não importam". Lembre-se também do que Napoleon Hill afirmou: "Pode não haver conotação heroica para a palavra *persistência*, mas a qualidade é, para o caráter do ser humano, o que o carbono é para o aço".

Vá e faça. Estude o sucesso, escolha o que você quer e persista. A vida será, então, o que ela deve ser.

5

[RESPONSABILIDADE]

O vencedor escolhe sempre ir muito além do que se exige. O novo horizonte brilhante motiva o vencedor a dar as boas-vindas a cada novo desafio de forma responsável. Só os indivíduos que se tornaram responsáveis desfrutarão dessa nova fronteira.

O seu futuro pode ser tudo o que você sonhou e mais. Você tem o talento e as ferramentas para experimentar um lindo dia após o outro. Isso é de fato o que o arquiteto do universo tinha em mente para você quando o criou. Se não fosse assim, você nunca teria sido dotado de poderes tão impressionantes.

Você está acima de todas as outras formas de criação. O seu maior poder é a sua capacidade de escolher. Leland Val Van De Wall escreve, em seu clássico programa de desenvolvimento pessoal chamado "You Were Born to Choose" (Você nasceu para escolher): "Quando uma pessoa assume a responsabilidade por sua vida e pelos resultados que está obtendo, ela deixa de culpar os outros como a causa de seus resultados. Como você não pode mudar outras pessoas, culpá-las é inadequado. Culpar os outros faz com que uma pessoa permaneça em uma prisão de sua própria criação. Quando você assume a responsabilidade, a culpa é eliminada, e você está livre para crescer".

O quinto princípio poderoso é a *responsabilidade*. Essa é uma lição maravilhosa. Ela tem o potencial de afetar a sua vida em um grau incrível: mais amigos, mais dinheiro e melhoria da saúde. Ao ser devidamente utilizada, ela irá melhorar a sua autoimagem e aumentar o seu autorrespeito.

Quando você fala de responsabilidade, está falando sobre liberdade. Liberdade é algo a que muitas pessoas não dão o devido valor. Já pensou como seria perder a liberdade, ter a liberdade tirada de você? Há muitas pessoas que se encontraram nessa situação e, acredite em mim, elas não são felizes.

O interior de uma penitenciária federal não é um ambiente agradável para ninguém, mesmo para aqueles que estão empregados ali. Posso falar sobre isso com certa convicção baseado em uma experiência pessoal. É lá que você iria me encontrar em um sábado, todos os meses, durante quase cinco anos.

Tive a sorte de estar lá a convite. Eu poderia ir e vir à vontade. Não precisava ficar lá. Realizava uma reunião e falava com qualquer um que quisesse ouvir sobre o tremendo potencial que todos nós temos para criar o tipo de vida que queremos. Mesmo que alguns anos já tenham se passado desde a minha última visita, ainda me lembro do sentimento que experimentava cada vez que caminhava de volta à liberdade, sabendo que aqueles com quem eu tinha acabado de estar estavam sendo trancados de volta em suas pequenas celas.

O som daquelas enormes portas de aço batendo, ao serem fechadas atrás de mim, deixava uma sensação de enjoo em meu estômago. A viagem para casa era sempre silenciosa. Parecia que eu não conseguia tirar aquelas pessoas e suas situações da minha cabeça. Sentia pena delas, embora estivesse bem ciente de que haviam causado sua própria situação. Cada uma delas queria liberdade. Na verdade, tudo em que a maioria delas pensava ou sobre o que falava era o dia em que estariam livres, e, para algumas, esse dia estava a anos de distância.

Hoje sou grato pela experiência daqueles sábados. Eles me fizeram valorizar a liberdade a que a maioria de nós não dá muito valor. Também sou grato porque algumas das pessoas que estavam nessas reuniões são minhas amigas hoje, boas amigas, e elas estão vivendo vidas úteis e produtivas. Elas entenderam a mensagem. Aprenderam que eram responsáveis por como se sentiam, pelos resultados que estavam obtendo e pela direção em que estavam levando suas vidas.

Muitas pessoas nunca viram o interior ou até mesmo a parte externa de uma prisão federal, mas elas não estão livres. São prisioneiras de uma falsa crença. A prisão delas é mental, diferente, em muitos aspectos, das prisões a que eu estava me referindo agora há pouco; mas, ainda assim, uma prisão. A movimentação delas, suas posses e realizações são restritas. Elas não são capazes de ir aonde o seu coração as levaria. A sua frustração é infinita, e a punição, severa. Como a causa de seu confinamento é a ignorância, talvez elas nunca fiquem livres.

De muitas maneiras, uma prisão mental é um lugar muito pior para se viver do que um presídio federal. O tormento mental pode destruir quase tudo que é necessário para uma vida significativa. Uma pessoa que vive em uma prisão mental não é capaz de ganhar o respeito de ninguém ou até mesmo o seu próprio. Ela não tem autorrespeito. Uma prisão mental destrói a confiança: as autoimagens são destruídas, e os relacionamentos se desfazem. Ela irá causar até mesmo a deterioração da saúde física.

Se você está confinado em um estado mental assim, entenda que há uma saída. A fuga é encorajada e possível. A liberdade o chama. A responsabilidade abrirá a porta e permitirá que você entre em um novo e brilhante modo de vida.

Você pode estar pensando: "Isso certamente não se aplica a mim". Mas a maioria das pessoas que estão mentalmente confinadas não está ciente disso. Como o autor de best-sellers Vernon Howard escreveu: "Você não pode escapar de uma prisão se não souber que está em uma".

A verdade real é esta: poucas pessoas desenvolveram consciência suficiente para assumir a responsabilidade completa e absoluta por todos os aspectos de suas vidas. Mas os homens e as mulheres que você provavelmente mais respeita são os que aceitaram a responsabilidade dessa maneira. Essas pessoas decidem quanto dinheiro vão ganhar. Se elas precisam de mais dinheiro para viver da maneira que escolherem, elas o ganham. Não permitirão que os comentários de outra pessoa as perturbem emocionalmente, elas decidem como se sentirão independentemente disso. Certificam-se de que seu trabalho tenha significado, de que seja estimulante. Elas sabem que a forma como passam os seus dias é importante e se recusam a estar envolvidas, dia após dia, em atividades banais. Viajam para todas as partes do mundo, expandindo sua mente, vendo como outras culturas experimentam a vida. Elas têm vidas sociais excitantes e estimulantes, associando-se a outros indivíduos que pensam da mesma forma. Você raramente ouve ou vê essas pessoas tentando se esquivar da responsabilidade por um resultado desfavorável, culpando outra pessoa. Sempre que uma circunstância negativa aparece em seu horizonte, elas a encaram corajosamente. Estão sempre conscientes de que atraíram a circunstância negativa. Também sabem que tudo acontece por uma razão. Aprendem a lição e continuam evoluindo além da nova fronteira, assumindo a responsabilidade pelo que acontece a cada passo do caminho.

Quanto mais você ler esta lição, mais estará inclinado a pensar sobre isso, a analisar o que está ouvindo. Quanto mais fizer isso, mais entusiasmado se tornará em transformar esse poderoso princípio em um hábito. Quando a responsabilidade se tornar um hábito, cada novo horizonte será brilhante. O presente de Deus para você é mais talento e habilidade do que você jamais usará nesta vida. O seu dom para Deus é desenvolver esse talento e habilidade. Essa é a sua responsabilidade. Inerente a cada ser humano é a grandeza.

Em 1903, Wallace D. Wattles escreveu um livro maravilhoso: *The Science of Being Great* (A ciência de ser grande). Nele, ele disse: "Você se torna grande fazendo pequenas coisas de uma maneira ótima todos os dias". É sua responsabilidade fazer um ótimo trabalho em tudo o que você está fazendo. Churchill disse: "A responsabilidade é o preço da grandeza".

Infelizmente, muitas pessoas não entendem que, toda vez que nos esquivamos da responsabilidade, estamos nos esquivando do sucesso. Podemos nos esquivar de nossa responsabilidade, mas nunca nos esquivaremos das consequências de nos esquivarmos de nossa responsabilidade.

Se você é como a maioria das pessoas, pode estar pensando: "Isso faz sentido, mas por onde eu começo?". A resposta é: exatamente onde você está. Este é o momento, e agora é o tempo de chegar aonde nenhum homem foi. Não há como você voltar o relógio para ontem ou para o passado. Tudo o que temos é o presente, e um futuro brilhante nos espera. Esse é um ponto importante desse poderoso princípio.

Muitas vezes, somos pegos no jogo do "deveria": eu "deveria" ter feito isso ou "deveria" ter feito aquilo. Entenda claramente que "deveria" não é uma possibilidade. O que quer que você tenha ou não tenha feito no passado continua sendo um fato. Isso não pode ser alterado, assim como você também não é capaz de alterar a hora em que saiu da cama ontem de manhã ou o que comeu no café hoje. Você fez a única coisa que poderia com a consciência que tinha na época. Se não se comportou no passado de forma tão responsável quanto pensa que deveria ter se comportado, perdoe-se e continue a sua vida.

Perdoar a si mesmo e aos outros é um dos grandes segredos do sucesso. É também um conceito de cura extremamente eficaz. Se a sua educação familiar foi parecida com a minha, você pode não entender como perdoar. Onde fui criado, perdão apenas significava: "Não falamos mais sobre isso". Isso não é perdoar.

Anos atrás, meu bom amigo Leland Val Van De Wall me perguntou se eu sabia o que a palavra *perdoar* significava. Ele fez a pergunta de uma forma que me deixou com a sensação de que eu não sabia. Permaneci em silêncio por um momento e então disse: "Ok, Val, o que significa?".

Val respondeu: "*Perdoar* significa *esquecer completamente, abandonar*". Gostei da definição dele, e fazia sentido. Depois de anos estudando os ensinamentos espetaculares de Val e de outros mestres como ele, percebi que, até aprendermos a perdoar, não teremos competência mental para viver de maneira responsável.

Essa declaração pode disparar uma série de alarmes em sua mente. No entanto, eu a apoio. Quando uma pessoa não aprendeu a perdoar, segue-se necessariamente que ela está abrigando duas das emoções mais destrutivas conhecidas: culpa e ressentimento. Com esses dois demônios relacionados vagando pela mente, não haverá espaço para a responsabilidade. Você não pode se sentir culpado e ser responsável ao mesmo tempo. Culpa e responsabilidade não são boas companheiras. São incompatíveis.

Você pode achar necessário meditar sobre isso por algum tempo. Se o fizer, posso lhe assegurar que o tempo que investir certamente não será desperdiçado. Você verá que o amanhã trará um novo amanhecer e irá se apegar a cada desafio de um jeito especial, só seu. O próprio fato de você ter a capacidade de escolher seus pensamentos o torna único, do seu jeito especial.

Considere isso por um momento. Faz parte do primeiro princípio poderoso: o pensamento é o preâmbulo de tudo. Cada resultado na vida teve origem no pensamento. Quais você acha que seriam as chances de duas pessoas escolherem exatamente os mesmos pensamentos em qualquer período específico? Brinque mentalmente com esse conceito por um momento, e você irá concluir que você é único. Os seus pensamentos são seus pensamentos. A sua vida é o que seus pensamentos fazem dela.

Quando uma pessoa rejeita a responsabilidade, ela rejeita sua singularidade e entrega todos os seus poderes especiais a outras pessoas, situações ou circunstâncias. Ela não está mais no controle de seu futuro. Estará sempre se perguntando o que o amanhã, a próxima semana ou o próximo ano têm reservado para ela. Terá a esperança de que algo de bom aconteça, mas, por causa de experiências passadas, é provável que a sua expectativa seja de algo que ela não quer que aconteça.

Muitas dessas almas equivocadas fogem para cartomantes, médiuns, leitores de tarô e assim por diante, frequentemente gastando um dinheiro que não podem gastar na tentativa de obter uma leitura sobre o próprio futuro. Quando você aceitar a responsabilidade por sua vida e pelos resultados que obtém, eliminará todas essas bobagens. Você é a única pessoa em todo o mundo que pode prever o seu futuro com qualquer grau de precisão.

A responsabilidade traz consigo a confiança garantida de que seus sonhos podem ser realizados. Os seus planos podem se cumprir. Compreender essa magnífica verdade é uma das maiores, se não a maior, coisas que podem acontecer em sua vida. É a lâmpada de Aladim, uma varinha mágica, a Fada do Dente, tudo em um só embrulho.

Faça esta declaração verbalmente:

Eu sou responsável pela minha vida, pelos meus sentimentos e por cada resultado que obtenho.

Diga de novo:

Eu sou responsável pela minha vida, pelos meus sentimentos e por cada resultado que obtenho.

Lembre-se: você tem uma escolha e deve ter certeza de que faz escolhas sábias. Ativar suas cordas vocais e falar essas palavras criará uma vibração em sua mente e corpo. Há um poder real na palavra falada.

Diga essas palavras novamente mais dez vezes. Fale cada palavra devagar, mas deliberadamente, pensando sobre o que elas significam. Ao falá-las, enxergue-se como uma pessoa verdadeiramente responsável.

Eu sou responsável pela minha vida, pelos meus sentimentos e por cada resultado que obtenho.

Esse exercício levou menos de sessenta segundos. Ao investir apenas um minuto nesse exercício verbal todos os dias, durante os próximos trinta dias, você melhorará todos os aspectos de sua vida. Sei que isso parece bobagem, mas funciona. Ao repetir essa afirmação de responsabilidade verbalmente dez vezes ao dia, durante um mês, você desenvolverá uma consciência supersensível. Chegará ao ponto em que o pensamento de culpar alguém ou qualquer circunstância por como você se sente ou por determinado resultado disparará um alarme em sua mente. O próprio pensamento de culpa ligará um interruptor em seu cérebro, e a fita mental começará a tocar. Em sua mente, você se ouvirá dizendo:

Eu sou responsável pela minha vida, pelos meus sentimentos e por cada resultado que obtenho.

No entanto, você pode facilmente continuar a se sentir mal ou culpar os outros pelo que você está passando. O velho condicionamento que controla nosso comportamento tem um forte controle sobre nós. Leva tempo, requer energia, e, se o seu desejo pela boa vida não for forte o suficiente, o velho condicionamento permanecerá no controle.

Na minha opinião, quando uma pessoa permite que isso aconteça, ela está desperdiçando sua vida. O fato de você estar lendo este livro indicaria que seu desejo é forte o suficiente. Ao guardar essa lição em sua mente e a repetir diariamente, você assumirá o controle.

Lembre-se: um pouco de progresso leva a mais progresso. Você sobe cada montanha com um passo de cada vez, e, a cada passo, a vista fica mais bonita. George Bernard Shaw expôs desta forma: "As pessoas estão sempre culpando suas circunstâncias pelo que elas são".

Não acredito em circunstâncias. As pessoas que progridem neste mundo são as que se levantam e procuram as circunstâncias que querem, e, se não conseguem encontrá-las, elas as fazem. Parafraseando Shaw, os perdedores atribuem culpa. Eles não sabem que podem tomar as próprias decisões, ditar os próprios termos. Os vencedores são responsáveis. Atribuir culpa não faz parte da vida deles. Quando as coisas não estão acontecendo de uma maneira ou indo na direção que eles querem, eles originam novas ideias e mudam as circunstâncias para se adequarem aos seus planos.

Tomemos um exemplo de atribuição de culpa *versus* responsabilidade. Vamos supor que uma pessoa tenha sido enganada quanto a uma soma de dinheiro e realmente fique chateada. Você pode ouvir a pessoa com raiva dizer: "Nunca mais vou confiar em outra pessoa enquanto eu viver".

Na tentativa de acalmar a pessoa e, possivelmente, adverti-la contra quaisquer decisões tolas, você pode dizer: "Não deixe que isso o chateie. Tudo vai acabar bem. Além disso, perder a confiança por causa dessa situação não é uma coisa sábia a se fazer".

Esse conselho poderia desencadear uma resposta do tipo: "O que você quer dizer com 'não fique chateado'? Qualquer um ficaria chateado se isso acontecesse".

É claro que isso não é verdade. Há pessoas que são enganadas em relação a enormes quantias de dinheiro e não ficam chateadas. Elas podem não gostar, mas se recusam a permitir que a situação assuma o controle de suas vidas. Quanto à confiança, elas não deixam de confiar.

Aqueles que vivem dessa forma definitivamente fazem parte da minoria, mas são os vencedores da vida. Eles se recusam a perder o controle sobre como se sentem ou sobre a direção que estão tomando. A escolha do vencedor é assumir a responsabilidade por tudo que acontece – bom, ruim ou de outra forma. Tudo o que acontece é uma lição. Os vencedores até veem o bem em cada situação negativa: essas são as situações da vida que fortalecem a mente deles, o seu caráter.

Rollo May, um distinto psiquiatra, escreveu no livro *Man's Search for Himself* (A busca do homem por si mesmo): "O oposto da coragem, em nossa sociedade, não é a covardia, é a conformidade". Requer grande coragem fazer a escolha do vencedor, e, quando você escolhe fazê-la, torna-se parte da minoria. Ela não é a escolha popular.

Quando você se recusa a ficar emocionalmente chateado com uma situação negativa, também está assumindo uma postura responsável. A sua mente estará tranquila, e você será mentalmente capaz de responder à situação de forma adequada.

No entanto, seu comportamento calmo e digno confundirá a maioria das pessoas. Elas não vão entender por que você não está chateado. Podem acusá-lo de ser tolo. Há tantas pessoas na própria estrada, culpando a todos e a tudo por onde estão, que é muito mais fácil para elas acreditar que estão certas. A conformidade é um grave problema na sociedade – pessoas agindo como todas as outras, sem saber o porquê.

Há muito mais nesse poderoso princípio em especial do que pode parecer à primeira vista. Seria sábio ler este capítulo pelo menos uma vez por dia, durante os próximos trinta dias. Faça os exercícios recomendados. Ao fazer isso, você não apenas se tornará mais consciente do poder que desenvolve, tornando-se mais responsável, mas também desenvolverá mais coragem. Ao fazer isso, você pode se enganar, pensando que está lendo algo hoje que não leu da última vez. Porém, você não está ouvindo algo que nunca ouviu antes, está vendo algo em si mesmo que não estava lá antes. Você está crescendo. A responsabilidade está começando a desempenhar um papel mais importante em sua vida. Você vai se lembrar de que eu sugeri que ela era a lâmpada de Aladim, uma varinha mágica, a Fada do Dente, tudo junto em um só. Isso é o que esse poderoso princípio está se tornando para você.

No início deste capítulo, sugeri que, quando você fala de responsabilidade, está falando de liberdade. Para muitas pessoas, o último ponto dessa lição é crítico, algo que irá libertá-las de responsabilidades desnecessárias e, possivelmente, de um enorme peso que têm carregado durante a maior parte da vida. É a diferença entre ser responsável *por* e ser responsável *com*. Você é responsável *por* seus sentimentos, seus resultados, não *com* os de outra pessoa. Você pode ser responsável *com* outra pessoa, mas não *por* outra pessoa.

A exceção, é claro, é quando você escolhe assumir a responsabilidade de criar os filhos. Você é o responsável *por* eles e *com* eles, até que atinjam a idade da maturidade, momento em que devem se tornar responsáveis por si mesmos se quiserem desfrutar de vidas felizes, saudáveis, prósperas e realizadas.

À primeira vista, pode ser atraente pensar em ter outra pessoa assumindo nossas responsabilidades. Podemos acreditar que seríamos mais livres para brincar, para nos divertir, para fazermos as coisas que queríamos fazer. Sem uma reflexão séria, provavelmente nunca entraria em nossa mente que o que ocorreria seria exatamente o oposto. Quando permitimos que os outros assumam nossas responsabilidades, estamos nos tornando dependentes deles. Eles se tornam o doador, e nós nos tornamos o receptor. Nosso bem-estar depende da generosidade deles.

Você consegue ver aonde a má compreensão desse poderoso princípio leva, como ele pode causar falta, limitação, ressentimento e confusão na vida tanto do doador quanto do receptor? Nada de positivo virá do mau uso desse poderoso princípio. Quando você assume a responsabilidade pelos sentimentos de outra pessoa, pelos resultados dela, destruirá a autoconfiança e o autorrespeito dela.

Já que a grande maioria de nossa população sabe pouco de sua própria natureza verdadeira ou das leis que regem suas vidas, e já que a maioria da população vive de forma apressada sempre em busca de algo, aceitará vorazmente tudo e qualquer coisa e, em seguida, desgostará do doador para sempre. Instintivamente sentirão que o doador fez com que elas se tornassem menos capazes de cuidar de si mesmas. Elas se sentem na obrigação com o doador, o que produz um sentimento de inferioridade, e a antipatia é o efeito natural. O doador, sendo ignorante desse poderoso princípio, fica naturalmente confuso. Você vai ouvi-las dizer: “Por que eles não gostam de mim, depois de tudo o que fiz por eles?”.

Quando você assume a responsabilidade de outra pessoa, fazendo por ela o que ela deveria estar fazendo por si mesma, está contribuindo para o enfraquecimento dela. Como a maioria das pessoas se esquivam da responsabilidade, elas esperarão que você faça mais e mais por elas.

Um provérbio italiano diz: “Aquele que deixa o bode ser posto em seus ombros é logo depois forçado a carregar a vaca”. É seu dever ajudar o outro a se conscientizar da própria responsabilidade. Quando você permite que outra pessoa assuma a sua responsabilidade, está se colocando em uma prisão mental, onde a falta, a limitação, a culpa e a infelicidade devem prevalecer definitivamente.

A responsabilidade deve ser aprendida desde muito cedo na vida. Infelizmente, não foi o que aconteceu com muitas pessoas. Como resultado, elas se movem cada vez mais em direção a um estado de espírito de bem-estar.

Você seria sábio em dar a esse poderoso princípio o tempo e a consideração que ele merece. Ele é a chave para a liberdade, o poder e a prosperidade. Os vencedores escolhem ser responsáveis *com* os outros e *por* si mesmos. A responsabilidade é o único caminho para a liberdade e a vida que são suas por direito.

Vamos separar um momento agora e rever os pontos mais importantes deste capítulo. Foque toda a sua atenção neles.

1. O arquiteto do universo equipou você com poderes incríveis para que você possa ter tudo o que sonhou e para que o seu futuro seja um lindo dia após o outro.
2. Você está acima de todas as outras formas de criação. O seu maior poder é a sua capacidade de escolher.
3. Quando você assume a responsabilidade por sua vida, por como se sente e pelos resultados que está obtendo, deixa de culpar os outros como a causa de seus resultados.
4. O jogo de atribuir culpas é perigoso. Quando a culpa é eliminada, você está livre para crescer.
5. Acreditar que outras pessoas são responsáveis pelos seus resultados o confina a uma prisão que restringe os seus movimentos, as suas posses e realizações.
6. Você não será capaz de escapar de uma prisão se não souber que está em uma.
7. O tormento mental pode destruir tudo que é necessário para uma vida significativa.
8. Onde há a ausência de responsabilidade, há a ausência de autorrespeito.

9. Para ser livre, você deve aceitar a responsabilidade por sua vida, seus sentimentos e todos os resultados que você obtém.

10. A responsabilidade é o preço da grandeza.

11. Você é responsável pela quantidade de dinheiro que ganha. Você é responsável por como passa os seus dias. Você é responsável por criar uma vida social estimulante.

12. Circunstâncias negativas são experiências de aprendizado que atraímos.

13. Você se torna grande fazendo pequenas coisas de uma ótima maneira, todos os dias.

14. O que aconteceu, aconteceu. Não há como você mudar isso.

15. Perdoar significa esquecer completamente, abandonar.

16. Aprenda a perdoar a si mesmo e aos outros e prossiga com a sua vida.

17. Não é possível nutrir culpa e ressentimento e ser responsável ao mesmo tempo.

18. Você é a única pessoa no mundo que pode determinar o seu futuro com algum grau de certeza.

19. Repetir verbalmente afirmações cria poder.

20. O oposto da coragem não é a covardia, é a conformidade.

21. Você é único. O seu jeito é especial.

22. Há uma grande diferença entre ser responsável com alguém e responsável por alguém. Você pode ser responsável com outra pessoa, mas não por outra pessoa.

23. Assumir a responsabilidade pelos seus resultados é o único caminho para a liberdade e para a vida que é o seu direito de nascença.

6

[CONFIANÇA]

Esse poderoso princípio é possivelmente um dos mais bonitos desta série. Ele irá libertá-lo para ir aonde o seu coração o levar, para fazer o que você deve fazer. A confiança lhe dá força com estilo. Ela gera uma aura não física que captura a atenção de todos em sua presença. É algo que os outros admiram.

A confiança configura uma vibração que faz com que os outros confiem em sua capacidade. Isso incute neles uma sensação de segurança ao seguir sua liderança. Quando você é confiante, você sabe – e sabe que sabe. Você tem uma consciência da mais bela verdade que alguém jamais aprenderá. Você é um com o infinito. Quando está em sintonia com o poder invisível que está em cada molécula do seu ser, você sempre resolverá qualquer problema que possa estar enfrentando, porque esse poder é muito maior do que qualquer condição ou circunstância com a qual possa ser confrontado. Mas se duvida de si mesmo, se duvida da sua habilidade, se sente que não é capaz de fazer o trabalho ou de resolver os seus problemas, o que estou dizendo não importará.

Como desenvolvo força com estilo? Como posso me tornar confiante? Como faço para entrar em sintonia com esse poder? Permita-

-me sugerir que você já tem confiança. Você pode não a ter quando quer ou onde quer, mas você a tem.

Confiança é saber. É uma certeza interior, e absolutamente nada pode mudá-la. Não importa o que aconteça, alguém diga ou faça. O que você sabe não pode ser mudado, independentemente de como você é desafiado.

Depois que os irmãos Wright tiraram o avião do chão e fizeram o primeiro voo tripulado, você acha que, se houvesse outra pessoa dizendo "Você não consegue voar", isso mudaria o que eles sabiam? A resposta deles seria: "Eu sei que posso, acabei de conseguir". Eles estavam confiantes, porque sabiam.

Se tem o uso normal de todos os seus membros, você está confiante de que pode ficar de pé e atravessar uma sala vazia. Não há dúvida em sua mente sobre a sua capacidade de colocar um pé após o outro e atravessar uma sala. No entanto, é muito provável que você tenha uma total falta de confiança quando se trata de colocar um pé após o outro e andar numa corda bamba quinze metros acima do solo.

Talvez você esteja pensando: "Esse é um exemplo ridículo". Não é ridículo. É uma ótima forma de começar. Você está confiante de que pode atravessar uma sala vazia. Pense, pense de verdade. Houve um tempo em sua vida em que você não tinha essa confiança. Você provavelmente não se lembra daqueles dias, mas, quando você nasceu, não podia andar. Não dava nem para ficar de pé. Isso foi algo que você teve que aprender. A confiança que você agora tem, que pode parecer sem importância neste momento de sua vida, foi algo que você teve que desenvolver, e aprender a andar não é uma das coisas mais fáceis que você já fez. Você já viu muitos bebês tropeçando, caindo, batendo a cabeça, para perceber que há grande dificuldade em aprender a andar. Falei com adultos que tiveram um derrame ou acidente e perderam a capacidade de andar. Foram forçados a voltar e aprender tudo de novo. Eles me disseram que foi bastante difícil.

Se você está dando a esse assunto a consideração que ele merece, está começando a ver o padrão para o desenvolvimento da confiança. Você provavelmente considera que ter confiança para atravessar uma sala vazia não é grande coisa, e está certo. Não é grande coisa para você, mas é algo importante para um bebê, e houve um tempo em que era algo importante para você.

Agora vamos para o outro lado da moeda. Pergunte ao artista que caminha sobre a corda bamba algumas vezes por dia, quando milhares de pessoas estão gritando ao fundo, e ele lhe dirá que não é nada. É apenas mais uma apresentação. Eles estão cheios de confiança toda vez que os holofotes os atingem enquanto eles balançam para lá e para cá naquela corda estreita nove ou doze metros acima do solo. Às vezes, eles provavelmente se perguntam por que alguém pagaria para vê-los fazer algo tão simples. Na mente deles, não é grande coisa, mas, quando você se senta lá, admirado com o que eles estão fazendo, ofegante, com medo de que caiam, é algo importante para você. Da mesma forma que, quando eles mesmos eram crianças, pagando para ir ao circo, para assistirem à corda bamba, era algo importante para eles, mas não mais.

Houve indivíduos que andaram sobre um cabo acima do desfiladeiro nas Cataratas do Niágara. Você acha que eles teriam sequer considerado tal movimento se não tivessem a confiança de que poderiam chegar até o outro lado?

Com demasiada frequência, quando a palavra *confiança* é dita, ela é rapidamente ignorada e não lhe é dada a importância que ela merece. Para muitas pessoas, quando dão alguma atenção à confiança, ela é vista como um traço de personalidade que você tem ou não tem, algo com que você nasceu ou não.

A verdade é óbvia. A confiança é um estado mental que você pode desenvolver se estiver preparado para pagar o preço. Também é importante que você entenda que o preço é pequeno em relação ao retorno. Você não pode se dar ao luxo de ser alguém sem confiança se deseja viver a vida de forma plena e significativa.

O desejo do seu coração é por algo além do ponto em que você está atualmente na vida. O desejo do seu coração pode ser ter um grande negócio de sucesso ou ser multimilionário. Se você é um jovem atleta na escola, o desejo de seu coração pode ser ganhar uma medalha nas Olimpíadas. Se tem pouco ou nenhum dinheiro, vai precisar de confiança para se tornar multimilionário. Se é um funcionário médio em uma posição média, será necessário confiança para iniciar e construir uma empresa de sucesso, e qualquer medalhista olímpico lhe dirá que, se não houver confiança, não haverá medalha. De fato, se não houver confiança, não haverá Olimpíadas.

Sem confiança, você teria grande dificuldade de encontrar e cumprimentar um estranho. Sem confiança, poderia parecer tão desajeitado quanto um bebê tentando andar pela primeira vez ao colocar a mão para a frente a fim de dizer olá a alguém que você não conhece.

Acho que você está começando a ver que a confiança pode ser o seu passaporte para uma nova vida divertida e excitante. Ela irá libertá-lo para ir aonde o seu coração o levar, para fazer o que deve fazer. Confiança é, sem dúvida, força com estilo, que é a própria razão pela qual é um meio de atração tão poderoso.

Se você fosse saltar de paraquedas de um avião, com certeza iria querer ter muita confiança no paraquedas, na produção dele, no material com que foi produzido, como foi embalado, e assim por diante. Quanto mais você souber sobre o paraquedas, mais sua confiança irá aumentar ou diminuir. Ótimo material, bem-feito, devidamente embalado – forte confiança. Se ele tiver um material fraco, com rasgos, se for malfeito e não estiver muito bem embalado, a sua confiança será fraca. Talvez você não tenha nenhuma confiança no paraquedas. A sua confiança no paraquedas é determinada pelo seu conhecimento sobre ele.

Esse poderoso princípio tem a ver com você. A confiança que estamos discutindo é a autoconfiança. Quanto mais conhecimento você tiver sobre si mesmo, maior será a sua confiança. A autoconfiança nua e crua é o que lhe permite se mover e seguir em frente na vida. A autoconfiança lhe dá licença para ter uma atitude positiva sobre sua capacidade de se tornar confiante em qualquer área sobre a qual, atualmente, você tem pouco conhecimento.

Por exemplo, pense em uma pessoa que sempre teve um cargo administrativo assalariado. Ela de repente desenvolve um desejo de mudar e assumir uma posição de vendas em que trabalha por comissão. Se ela tem abundância de autoconfiança, saberá que pode, com estudo e esforço adequados, tornar-se uma vendedora muito confiante.

Por outro lado, a pessoa que tem baixa autoconfiança não iria, mentalmente, alimentar nada além de dúvida. Todas as vezes que pensasse em depender de comissões como forma de remuneração, o medo iria dominar a sua mente. Esse tipo de indivíduo ficaria mentalmente paralisado. Eles seriam incapazes de fazer tal movimento. A falta de autoconfiança pode fazer com que gastem toda a carreira fazendo algo de que não gostam, o tempo todo suprimindo o desejo do seu coração. Esse tipo de pensamento causa diversas doenças.

Quando uma pessoa não está buscando ativamente o desejo de seu coração, ela certamente estará experimentando a frustração. Essa frustração afeta todos os aspectos de sua vida, até os seus relacionamentos com entes queridos. Siga em frente com essa linha de pensamento por um momento e veja como a falta de autoconfiança pode afetá-lo, aonde ela pode levar.

Um indivíduo infeliz e frustrado geralmente tem uma sensibilidade facilmente acionável. É preciso muito pouco para deixá-lo aborrecido. Ele observa o problema como o ato, quando este é apenas um sintoma, não a causa do problema. A causa é a falta de autoconfiança, que está fazendo com que eles suprimam o desejo do coração, o que, por sua vez, cria a frustração.

Se esse indivíduo estudasse a verdadeira composição de seu eu superior, desenvolveria uma abundância de autoconfiança. Ele sairia e seguiria o desejo de seu coração. A frustração seria substituída por felicidade e entusiasmo, e o excesso de sensibilidade seria substituído pela calma da mente. A sua autoconfiança produziria uma serenidade que todo mundo está buscando.

Olhe no espelho. O que você vê refletido ali é meramente um instrumento em que você está vivendo e que está usando enquanto experimenta a vida nesta dimensão particular. O seu corpo é a manifestação física de um movimento ao qual nos referimos como *mente*. Fazemos inúmeras referências à mente, mas raramente as fazemos corretamente. Estamos sempre dizendo "minha mente", "a mente dele" ou "a mente dela", "a mente deles". Ao ouvir a maioria das conversas sobre a mente, você pensaria que cada pessoa tem uma mente própria, que existem bilhões de mentes. Não é assim. Há uma mente, apenas uma. Isso pode ser uma surpresa para você. Por outro lado, pode não ser.

Você, eu e todas as outras pessoas somos expressões individualizadas de uma mente universal. A sua mente e a mente de Albert Einstein são a mesma mente. A mente universal contém todo o conhecimento que existe ou que jamais existirá. Somos todos seres espirituais. Não há uma pessoa que tenha mais poder, mais conhecimento ou acesso a maiores recursos do que qualquer outra.

A verdade raramente está na aparência das coisas. O que você acha que está buscando e o que você está realmente buscando não são as mesmas coisas. Consciência é tudo de que você irá precisar para obter realização na vida. Ler e reler este capítulo repetidas vezes irá aumentar a sua consciência, e você verá que é bastante capaz de ir em busca e experimentar todos os desejos do seu coração. Todas as coisas são possíveis para você. Você é, na verdade, uma maravilhosa expressão individualizada de um poder infinito.

Albert Einstein sabia que ele não era melhor do que você ou eu. É a nossa ignorância que nos leva a acreditar que ele era melhor, que ele havia sido dotado de um poder especial. Aqueles que fazem um grande trabalho simplesmente desenvolveram uma consciência de como fazer algo maior do que você ou eu talvez estejamos fazendo. Pensar que eles podem, mas você não pode, é um erro. Perceba que, se eles fizeram, você também pode. O que quer que outra pessoa tenha realizado, você também é capaz de realizar.

Se você é um vendedor que está ganhando cinquenta ou cem mil dólares por ano, o desejo do seu coração pode ser dobrar sua produção. Aqui está um ponto que você deve lembrar. O seu coração nunca desejará verdadeiramente fazer algo que você não é capaz de fazer. É como se Deus tivesse colocado dentro de cada um de nós um governador genético que nos impede de querer fazer algo além do nosso nível de consciência ou capacidade. A pessoa que trabalha como varredora em uma fábrica pode pensar que seria legal viajar em uma nave espacial para a lua. Ela não irá, no entanto, realmente desejar fazer tal viagem. Se essa mesma pessoa tivesse continuado na escola, estudado em nível superior e se tornado cientista ou piloto de testes, um desejo genuíno de ir à Lua poderia estar lá.

Seja qual for o desejo do seu coração, você pode ser, fazer, ter. Você pode. O seu velho condicionamento pode estar acusando você de sonhar acordado, e ele pode ser convincente. Recuse-se a deixá-lo impedi-lo. Não há pressa; apenas relaxe. A confiança de que você precisa irá se desenvolver, e você irá viver o seu sonho. O ponto mais importante a ser entendido é que você pode viver o seu sonho. Como isso irá acontecer não é importante. Saber que isso deve acontecer é o que importa.

Se você quer um modelo de confiança que possa manter como um critério para medir a si mesmo, considere este. Antes de compartilhá-lo com você, provavelmente vale a pena mencionar que, em mais de um projeto de pesquisa sobre o que homens e mulheres mais temem, falar em público ficou no topo da lista. A maioria das pessoas tem mais medo de se levantar e falar em público do que de morrer.

Com isso em mente, relaxe e visualize isto: Winston Churchill foi chamado para se dirigir à turma de formandos de uma academia militar prestigiada dos Estados Unidos. Foi convidado a falar sobre o sucesso e como alcançá-lo. Ele se aproximou da tribuna lentamente, mas de forma decidida. Na época, Churchill estava em seus últimos anos. Ele era um homem muito velho.

Não havia um som vindo da plateia. Todos os presentes sentiram que essa era uma ocasião histórica. Você poderia ter ouvido um alfinete cair no chão. Sir Winston chegou ao microfone, deixou a bengala de lado, tirou a cartola, colocou o charuto em um cinzeiro que havia sido adequadamente fornecido, ajustou os óculos e silenciosamente examinou o público.

Ele, então, virou-se para o microfone e falou estas duas palavras: "Nunca desista". Houve uma longa e silenciosa pausa e, alguns momentos depois, ele repetiu com a mesma clareza: "Nunca desista". Ele silenciosamente examinou a sua audiência novamente e, depois de alguns momentos de um silêncio ensurdecedor, novamente repetiu: "Nunca desista".

Com essas palavras ditas, colocou a cartola de volta na cabeça, pegou a bengala, colocou o charuto entre os dentes e lenta, mas decididamente, deixou o palco, até o corredor central, através da plateia.

Esse desempenho foi certamente força com estilo. Confiança pura e absoluta seriam necessárias para fazer o que Churchill fez: falar seis palavras em uma formatura e sair. Para uma pessoa fazer isso, ela teria que estar totalmente confortável consigo mesma. É disto que se trata a confiança: estar confortável consigo mesmo em qualquer situação. Ter confiança ou não ter confiança não tem nada a ver com o que está acontecendo fora de você. A confiança é determinada pelo que está acontecendo dentro de você.

Antes de deixarmos o falecido Sir Winston Churchill, há outro aspecto interessante de vida dele que acredito ser relevante. Certamente é um reflexo de sua confiança. Já mencionei que, quando ele fez seu famoso discurso de seis palavras, era um homem muito velho. Se Churchill tivesse morrido quando tinha sessenta anos, a história o teria esquecido. Quando ele tinha 42 anos, o governo britânico o demitiu em desgraça de seu cargo de ministro da Marinha.

Vinte anos depois, o povo britânico o chamou de volta para liderá-los contra os exércitos de Adolf Hitler na Segunda Guerra Mundial. Foi a confiança de Churchill, como Churchill se sentia em relação a Churchill, que o fez seguir em frente diante da óbvia rejeição pública. O público pode tê-lo rejeitado, mas Winston Churchill nunca rejeitou Winston Churchill. Foi a sua compreensão de quem ele era, sua aceitação de si mesmo, que o manteve em movimento. Da mesma forma, será a sua confiança que o manterá forte quando suas ideias forem rejeitadas.

Você tem que ser o seu próprio melhor amigo. Tem que aprender a amar a si mesmo. Ninguém persegue objetivos significativos pensando que eles não são bons o suficiente. Você é bom o suficiente. Você é mais do que bom o suficiente.

Até este ponto da sua vida, você pode ter se permitido fazer parte desse grande grupo que usa uma pequena porcentagem de sua habilidade dada por Deus. Você é melhor do que isso. Saia desse grupo. Se está tendo alguma dúvida sobre si mesmo ou sobre o que está ouvindo, faça um teste. Estabeleça algumas metas de curto prazo. Flexione esse músculo mental. Olhe para si mesmo como a pessoa que tem força com estilo. Não há uma fórmula a se seguir para acreditar em si mesmo, mas, pessoalmente, descobri que quanto mais você absorver as informações que está recebendo neste livro, mais acreditará em si mesmo e maior será sua autoconfiança.

A confiança de Churchill foi golpeada pelo povo britânico por vinte anos, mas ele permaneceu firme. Foi a confiança dele que veio em socorro desse mesmo povo britânico em um momento de grande necessidade e os inspirou. Desenvolva sua confiança. Fortaleça a sua mente. Lidere aqueles que o criticaram. Use a sua imaginação, o seu poder de imagem, para se ver forte e ousado, corajosamente perseguindo seu sonho.

Todas as manhãs, quando a noite se transformar em dia, use a sua vontade para afastar o medo. Saiba que você está a caminho. Todas as manhãs, antes de se levantar, vá para aquele lugar conhecido por apenas alguns, os fortes, os duros, os melhores. Vá para esse núcleo espiritual, o núcleo espiritual do seu ser, e conecte-se.

Sinta a onda de confiança fluir para cada célula do seu cérebro e, em seguida, como um relâmpago através do seu sistema nervoso central, para todas as partes da sua mente e corpo. Então, você saberá que está pronto para enfrentar qualquer desafio que a vida lhe proporcionar. Você irá liderar com confiança quem escolher segui-lo.

Você é dinamite. A palavra *dinamite* ativa uma imagem de poder explosivo em nossa mente. O pensamento de si mesmo deve e vai ativar uma imagem de poder explosivo em sua mente. Toda vez que você pensa "eu sou", o poder corre em sua mente e corpo. Prevalece um sentimento de confiança. Isso é algo que você deixa acontecer.

O espírito é sempre presente, onipotente e onisciente. No entanto, o espírito preencherá a sua consciência somente com a sua permissão. Você é uma alma. Quando se conecta com o espírito, o resultado é a confiança. É a sua consciência do espírito sempre presente, onisciente e onipotente em cada fibra do seu ser que lhe dá força com estilo. Chame-a da maneira que preferir; no entanto, meu amigo, essa consciência é chamada de confiança, e, com ela, não há como pará-lo. Você está seguindo em frente. Está correndo rápido. Você é força com estilo – e não quebrará fácil.

Já foi mencionado que esse é um dos mais belos de todos os princípios poderosos. É também um dos mais importantes. A confiança é essencial para viver uma vida livre e criativa.

Há muitas pessoas que têm uma atitude magnífica. São pessoas genuinamente agradáveis. Elas dominaram um poderoso princípio, que é a atitude, e outro, que é a responsabilidade. Elas rapidamente admitem que são responsáveis por seus resultados, mas, quando se trata de confiança, fracassam.

O mundo está cheio de pessoas simpáticas sem confiança. Elas perdem e vão continuar perdendo, ano após ano. Você conhece muitas delas. Um indivíduo após o outro virá à sua mente, pessoas que permanecem em posições maçantes e chatas no emprego, que estão em relacionamentos destrutivos, possivelmente abusivos, e não têm confiança para entrar em um relacionamento amoroso e livre. Elas não têm confiança para fazer uma mudança. Há milhões dessas pessoas legais que não têm confiança, e você muito provavelmente conhece dezenas delas. Uma alta porcentagem delas também é muito inteligente. Elas têm credenciais acadêmicas impressionantes, mas estão perdendo e muitas vezes não sabem por quê.

Alguns desses indivíduos poderiam escrever ou possivelmente recitar tudo o que eu disse sobre confiança, mas eles ainda perdem, e, se você os conectar a um polígrafo, provavelmente descobrirá que eles nem esperam ganhar. Eles não estão felizes. A frustração deles parece ser interminável, e eles não sabem o que fazer.

Chegamos ao ponto em que vou explicar o que fazer, e faz pouca diferença onde você está na escala de confiança, se não tem autoconfiança alguma ou se tem uma quantidade respeitável dela.

Estes três passos para uma maior confiança funcionarão para você. Todos têm espaço para melhorias. Alguém certa vez disse que o espaço para o autoaperfeiçoamento era o maior quarto do mundo. Concordo com isso.

Número um, *verifique a sua autoimagem*. Essa é uma parte crítica de sua maquinaria mental para manter a sua confiança funcionando. Quando você pensa em qualquer coisa, pensa em imagens. Que tipo de imagem vem à sua mente quando pensa em si mesmo? Você se vê como uma magnífica expressão da vida que, à vontade, pode se abrir e permitir que o espírito sempre presente, onipotente e onisciente flua através de você? Você é um distribuidor criativo dessa força vivificante. Pense nisso. Detenha-se sobre isso. O espírito se tornará o que você quiser que ele se torne.

A lei afirma que tudo o que você externaliza retorna. Quando construir a imagem do seu sonho, veja-se como um indivíduo prestativo, feliz, saudável e próspero, entenda que foi a sua capacidade criativa que lhe permitiu construir a imagem. O seu sonho é o espírito de uma forma organizada, mas não física. A lei do espírito dita que a forma organizada não física deve ser transformada em uma forma física organizada. Você construiu a imagem. Ela está em sua maravilhosa mente e corpo. (Lembre-se, mente e corpo não podem ser separados.) Portanto, ela deve se mover para a forma física com e por meio de você. Contanto que você mantenha a imagem do seu sonho, a imagem afetará seus movimentos. Ela também irá ditar o que é atraído para a sua vida.

O Capítulo 11, sobre criatividade, explicará o processo criativo com mais profundidade. O ponto sobre o qual você deve se debruçar aqui é a ideia de que pode se conectar com a força onipresente, onisciente, onipotente e vivificante a que me refiro como espírito – e você pode se conectar à vontade.

Quando pensa em si mesmo, você se vê tendo poderes tão impressionantes? Vê a disposição do espírito de trabalhar com você, de trabalhar em harmonia com você, construindo o tipo de mundo que você escolher? Quanto mais você permitir que essas ideias se movam para o lado sentimental de sua personalidade, mais confiança terá. O seu nível de confiança estará em relação direta com a consciência que tem de sua unidade com o espírito, a fonte sempre presente, onisciente, onipotente e vivificante.

Ao contrário da crença popular, a sua confiança tem muito pouco ou nada a ver com seu intelecto. Tem, no entanto, tudo a ver com a sua fé. Isso explica por que os indivíduos que muitas vezes são intelectualmente inferiores saem e realizam com confiança seus sonhos, enquanto outros com credenciais acadêmicas avançadas permanecem presos, com medo, em uma posição que detestam, enquanto seu sonho morre em sua mente. A confiança é especial, e o primeiro dos três passos para uma maior confiança é verificar a sua autoimagem.

O segundo passo é *verificar os seus pontos fortes e fracos*. Você pode pegar um bloco de anotações e uma caneta e começar a fazer algumas listas. Se for honesto consigo mesmo, encontrará fraquezas que, de longe, superam os pontos fortes. Se acontecer o contrário, sugiro que verifique o aspecto de honestidade desse exercício.

Agora, isto pode ser uma surpresa, mas vou sugerir que você faça exatamente o oposto do que a maioria dos programas de autoajuda sugere. Esqueça o desenvolvimento de suas fraquezas. Em vez de desenvolvê-las, sugiro que as gerencie e coloque sua energia no desenvolvimento de seus pontos fortes. Em outras palavras, direcione seus esforços e sua atenção para melhorar o que você já faz bem. Continue melhorando isso até que você o domine absolutamente.

Fique comigo por um momento enquanto exploramos esse conceito crítico. As pessoas geralmente fazem o que mais gostam. Elas gostam disso porque são boas nisso. Quanto mais fazem, melhor conseguem ficar naquilo e mais gostam. De forma consciente e deliberada, doar sua energia e a si mesmo para melhorar algo que você já faz bem e gosta de fazer nunca poderia ser considerado um trabalho. É um ato de amor. Agora imagine passar sua vida dessa maneira. Como você iria se referir a isso? Eu diria: "Meu bem, isso é viver".

Que tal isso? Você acha que iria encarar os seus dias e o que está fazendo de maneira confiante? É certo que sim. Você cheiraria a confiança. Seria capaz de dizer com convicção: "Eu sou bom, sei que sou bom e sei por que sou bom". Isso é confiança.

Se você não soubesse por que era bom, não seria confiança; seria presunção. Agora, pode haver uma linha tênue entre confiança e presunção, mas há um mundo de diferença no comportamento que um causa *versus* o outro. Você sabe que é bom e sabe por que é bom, porque está ciente de que é o espírito fazendo o trabalho. Você escolhe a imagem, o sonho, e se conecta com o espírito. A conexão cria a confiança. Como você não está tomando crédito pelo trabalho que está sendo feito, o espírito está recebendo o crédito. O seu ego está no espaço adequado.

Você não precisa fazer tudo. Não precisa ser bom em tudo. Pode entregar as áreas em que não é bom para alguém que pode fazer aquilo bem. Eles as fazem bem porque gostam de fazê-las. A sua fraqueza é a força deles. Gerencie as suas fraquezas e desenvolva os seus pontos fortes.

Compartilhe o seu sonho com eles. Que se torne o sonho deles também. Então, você terá pessoas fortes e confiantes passando seus dias fazendo o que amam fazer, todas trabalhando nesse mesmo sonho. Não é assim que nossa voz interior nos diz que a vida deve ser? Confiança, o segundo passo: *desenvolva os seus pontos fortes e gerencie os seus pontos fracos.*

O terceiro e último passo nesse processo de construção de confiança trará alegria à mente dos outros. *Treine sua mente para ver, em todas as pessoas, o que muitas não veem em si mesmas.* Comece a tratar cada pessoa com quem você entra em contato como a pessoa mais importante do mundo. Olhe para o corpo delas com uma nova consciência. Veja o corpo delas como mente e corpo. Veja cada pessoa como uma expressão e um instrumento do espírito onipresente, onisciente, onipotente e que é fonte vivificante. Recuse-se a permitir que outra pessoa influencie como você a vê ou trata. A fala, a ação e os resultados delas podem indicar que elas não gostam de si mesmas. Ame-as de qualquer maneira. Procure pelo que elas fazem bem e, em seguida, deixe-as saber que você notou isso. Dê a todos um elogio sincero e merecido. O bom trabalho deles é o espírito brilhando através deles. Procure-o. Lembre-se do conselho milenar: busque e encontrará.

A parte bonita desse terceiro passo é esta: o bem que você encontra nos outros é um reflexo do bem que vê em si mesmo.

Você pode estar se perguntando como isso vai aumentar a sua confiança. Quero lembrá-lo de que a confiança, a confiança real, é o tipo que transforma sonhos, grandes sonhos, em realidade. Esse é o tipo de confiança que quero para você. Esse é o tipo de confiança que Sam Kalenuik tem que lhe permite dizer: "Quando o sonho é grande o suficiente, os fatos não importam". Ao procurar o espírito em todos, você começará a vê-lo. Começará a ver que o espírito é tudo o que existe. Algo vai acontecer em sua mente maravilhosa e, bingo, você vai saber. Esse sentimento de confiança abrangente reverberará em todo o seu ser.

O terceiro passo é simples, divertido e espalha alegria: *procure pela expressão da conexão nos outros* e, quando a encontrar, deixe-os saber que você a viu. Elogie todo mundo, todos os dias.

Espero que você se beneficie desse poderoso princípio tanto quanto eu gostei de prepará-lo para você. Também devo compartilhar que pude sentir minha própria consciência florescendo enquanto escrevia este capítulo e, por isso, sou verdadeiramente grato. Estou certo de que essa consciência maior será evidente no próximo princípio poderoso, sobre a criatividade.

Vamos rever alguns dos pontos importantes que abordamos sobre esse princípio.

1. A confiança é um sentimento que é criado quando a alma e o espírito se conectam.
2. Quando você se sente confiante, está em harmonia com o universo.
3. A confiança lhe dá força com estilo.
4. Quando você é confiante, você sabe – e sabe que sabe. Você também sabe por que sabe.
5. A confiança gera uma aura não física que capta a atenção consciente de todos em sua presença; por isso, eles irão admirá-lo.
6. A confiança configura uma vibração que leva os outros a confiarem em sua capacidade. Isso instila neles uma sensação de segurança ao seguirem sua liderança.
7. Todos têm confiança. Você pode não ter onde quer ou quando quer, mas tem.
8. A confiança é o sentimento que vem quando você sabe que pode.

9. Você não nasce com confiança, mas qualquer um pode desenvolvê-la se pagar o preço.
10. A confiança é absolutamente essencial para se viver uma vida plena e livre.
11. A confiança vai lhe permitir viver o desejo de seu coração.
12. Compreender a sua relação com o espírito onipresente, onisciente e onipotente lhe dará a confiança de que você pode ser, fazer ou ter o que sonhar; mesmo que não saiba como isso vai se materializar. A confiança vem da fé no legítimo trabalho do espírito.
13. A confiança é o seu passaporte para uma nova vida divertida e excitante.
14. A falta de autoconfiança faz com que a vida de uma pessoa seja preenchida por dúvida e medo.
15. A frustração é causada por pessoas que negam o desejo de seu coração.
16. O desejo do seu coração é por um bem maior em sua vida.
17. Há apenas uma mente universal. Todas as pessoas são uma expressão de um poder infinito. A sua mente e a mente de Albert Einstein são a mesma.
18. A única diferença entre as pessoas está na aparência e nos resultados. Todos temos o mesmo potencial.
19. Você nunca vai querer seriamente ser, fazer ou ter qualquer coisa além de suas capacidades.
20. A demonstração de confiança de Churchill fornece um ótimo modelo a ser imitado.
21. Pessoas confiantes nunca permitem que as falhas invertam seus padrões de crescimento ou que a crítica de outras pessoas as afete.
22. Confiança é se sentir confortável consigo mesmo, independentemente de qualquer coisa.
23. Você tem que ser o seu próprio melhor amigo.

24. Saiba que você é bom o suficiente – você é mais do que bom o suficiente.

25. Todas as manhãs, antes de se levantar, vá para aquele lugar conhecido por apenas alguns, os fortes, os durões, os melhores. Conecte-se e prepare-se para o dia.

26. Siga o processo de três passos para uma maior confiança: (1) Verifique a sua autoimagem. Veja a si mesmo como uma estrela. (2) Desenvolva os seus pontos fortes e gerencie suas fraquezas. (3) Procure pelo bem em todos.

7

[AÇÃO]

Em um filme ou em uma peça de teatro, você ouvirá o diretor dizendo "ação". A câmera começa a rodar, as coisas começam a acontecer. No contexto da guerra, a palavra pode ter um sentido muito negativo. Você frequentemente ouve falar de indivíduos sendo feridos ou mortos em ação.

Aqui, estou usando a *ação* como um princípio poderoso muito positivo. Queremos que o conceito de ação desempenhe um papel muito positivo em sua vida. Faça disso um princípio que lhe dê poder. Tome a decisão de desenvolver uma reputação de pessoa de ação absurda, que faz os grandes movimentos, que faz grandes coisas. Quando você quiser sair em uma viagem de férias, faça valer a pena. Faça da viagem algo memorável. Dê a volta ao mundo. Se a ação é melhorar o seu negócio, dobre-o. Quando você agir, transforme a sua ação em uma ação explosiva, para que os grandes movimentos não sejam algo em que outras pessoas estejam sempre envolvidas. Torne-se você uma dessas pessoas.

De tempos em tempos, você ouvirá um indivíduo sendo apresentado como uma pessoa de grande fé. É sábio lembrar que a fé sem ação é inútil. Goethe, o filósofo alemão, teria dito o seguinte: "Antes que você possa *fazer* alguma coisa, você deve primeiro *ser* alguma coisa".

Fazer é a expressão do que já aconteceu mentalmente. É a expressão de uma impressão. Ação e fazer são sinônimos quando são usados nesse contexto. No entanto, a palavra *ação* acrescenta uma dimensão explosiva ao processo de fazer. Pense nisso por um momento. O meu dicionário *Webster* tem vários significados diferentes para a palavra *ação*. Um deles é o "processo de fazer". Mas, se eu tivesse dito que esse poderoso princípio *está sendo feito*, ele soaria fraco em comparação com *ação*. Ação é uma palavra de poder. Quando você entra em ação na execução de uma ideia, está envolvido nos estágios finais da criação dessa ideia.

Tenha em mente que a ação é a expressão física de uma atividade superior. A ação não é algo que se deva focar ou que deve ser forçado. Ela deve ser automática.

Permita-me usar a escrita desse mesmo poderoso princípio como exemplo. Tenho trabalhado mentalmente nesse princípio há algum tempo – alguns minutos aqui e ali, enquanto viajo de uma cidade para outra, ou, quem sabe, enquanto assisto a um jogo de futebol, eu talvez me afaste mentalmente e dedique alguma energia a essa lição.

Ontem tive um longo dia. Acordei cedo. Depois de fazer uma série de projetos em casa, saí e conduzi um seminário chamado "Born Rich" (Nasça Rico), em Toronto. Voltei para casa ontem à noite e fui visitado por meu filho e sua família. Quando eles foram embora, minha esposa e eu assistimos ao filme de Robert Redford *Nada é para sempre*. Antes de ir para a cama, falei com minha assistente, Gina, que atualmente está em nosso escritório, em Kuala Lumpur. Em suma, eu estava cansado quando fui para a cama. Eram aproximadamente onze e meia da noite, e eu havia completado mais um dia ocupado, mas, às três da madrugada, despertei e estava bem acordado. A lição de ação estava pronta para a ação.

Eu já tinha gestado essa ideia por um período necessário. Ela estava pronta. A lição de ação estava prestes a ser expressada, pronta para ser escrita. Quando percebi que horas eram, tentei esquecê-la e voltar a dormir. Não adiantava, e, além disso, eu já sabia.

Fui para a cozinha, coloquei uma chaleira de café no fogão e comecei a escrever. O passo de ação se torna automático quando você se prepara mentalmente, e, quando suas ideias estão prontas para a ação, elas não devem ser negadas. A etapa de ação no processo criativo é a expressão de uma impressão.

Earl Nightingale era um homem sábio e me ensinou muitas lições importantes, uma das quais se encaixa perfeitamente nesta lição. Ele disse: "As ideias são como peixes escorregadios. Se você não as agarrar com a ponta de um lápis, elas provavelmente vão fugir e nunca mais voltar".

Essa é uma bela verdade, digna de séria consideração. Ao longo dos anos, a experiência me ensinou muitas lições. Cheguei à conclusão de que, como povo, somos muito condicionados em nosso comportamento. Milhões de indivíduos potencialmente grandes permitem que o relógio controle suas vidas, e eles pagam um enorme preço por isso. Eles não comem quando estão com fome ou dormem quando estão cansados. Fazem as duas coisas quando o relógio ou o seu condicionamento mental ditam.

A minha mente havia composto essa lição. Ela estava pronta para ser escrita e se mover rumo à planície física da vida. Não importava se eram três da madrugada ou três da tarde. Eu estava pronto para dar à luz a ideia. Se tivesse ficado na cama até as oito ou nove da manhã, muitas partes importantes dessa lição poderiam facilmente ter nadado rio abaixo, completamente fora do meu alcance.

Quando você estiver mentalmente prestes a dar à luz uma grande ideia, mantenha este princípio em mente: a ação é a expressão de uma impressão. A ação vem quando a ideia está pronta, não quando um relógio dita.

Você já notou que os verdadeiros profissionais em todas as esferas da vida não são observadores de relógios? Tampouco são controlados ou guiados pelos ditames das massas. Quando estão prontos para a ação, eles agem. Eles entendem que o nascimento de ideias e o nascimento de bebês são regidos exatamente pelas mesmas leis.

Examine o que acabei de compartilhar com você. Pense. Realmente pense. Há apenas um poder criativo onisciente neste universo. Esse poder se expressa de muitas maneiras, mas sempre funciona da mesma maneira – por lei. Toda forma de criação é por lei.

Quando uma mulher está carregando um bebê no útero, diz-se que ela está grávida de um novo filho. Para se certificar de que ela carregue o bebê até os nove meses e tenha um parto saudável, existem certas regras que devem ser seguidas. Descanso, relaxamento, exercício físico, ausência de preocupações ou estresse, dieta adequada ou nutrição são considerações às quais uma mãe responsável dá alta prioridade. Mas tenha em mente esta verdade básica: quando chega a hora do nascimento do bebê, nada, absolutamente nada além do nascimento recebe a atenção da mãe. Apenas tente fazer com que ela volte a dormir ou vá tomar uma xícara de café ou assistir à TV. Você sabe qual será a sua chance de ser bem-sucedido.

Outro ponto: quando chega a hora do parto, as únicas pessoas que a mãe quer em sua vida são aquelas que são capazes e competentes e que querem dar toda a sua atenção para ajudar no parto.

Muito tempo depois que a criança nasceu com segurança, e a mãe está completamente descansada de sua enxurrada de atividade criativa, talvez ela tolere um pouco de conversa fiada com alguns conhecidos ou parentes improdutivos, possivelmente avoados; mesmo assim, a atenção de quase todos é atraída de volta para a magnificência da criação recém-chegada.

Novas criações geralmente atraem a atenção e a admiração de todos. A satisfação suprema, cuja oportunidade muitas pessoas perdem na vida, vem apenas para aqueles que trabalham em harmonia com o Criador para a manifestação física da nova criação. Sempre senti que uma mãe recebe um grau de satisfação que um pai nunca entenderá completamente. A contribuição da mãe no nascimento da criança parece muito maior.

Agora vamos voltar à palavra explosiva *ação*. Você quer ser reconhecido e que as pessoas pensem sobre você como uma pessoa de ação, e é bom que seja assim. Você é uma expressão criativa da vida. Foi dotado das ferramentas mentais que lhe permitem trabalhar em harmonia com o Criador onipresente, onipotente e onisciente. Até onde sabemos, você é a única forma de vida que recebeu esses maravilhosos poderes mentais. O núcleo do seu ser é perfeito. Ele está sempre procurando por uma expansão e uma expressão mais plena.

Você é capaz de um ótimo trabalho. Nunca fomos feitos para passar nossos dias envolvidos em conversas ociosas ou atividades sem sentido. É nossa responsabilidade crescer, desenvolver uma maior consciência, desfrutar de cada bem imaginável. Se você ainda não tem uma ideia de dinamite percorrendo a sua mente, adicionando dimensões de alegria e entusiasmo aos seus dias, pare de fazer tudo o que está fazendo agora. Deite-se, relaxe e permita que sua imaginação se mova.

Comece a olhar de dentro para a fonte de suprimento ilimitado. Olhe para o seu trabalho. Como você pode melhorar o que está fazendo? Como pode torná-lo dez vezes, cinquenta vezes melhor? Não se preocupe em ser pago por isso. Isso irá acontecer. Tem de acontecer. Essa é a lei.

Anote suas ideias conforme elas chegam até você. Faça a mesma coisa com a sua vida social. Em seguida, vá para a sua vida familiar.

Comece a imaginar belas viagens que pode fazer para suas próximas férias – digamos, uma viagem ao redor do mundo. Lembre--se, a ação positiva é precedida pelo envolvimento emocional, que vem da impressão em seu subconsciente universal. Construa a imagem e continue pensando sobre isso. Dê a ela continuamente a energia que ela exigirá para se manter viva.

Milhões de ideias são abortadas antes do nascimento ou nascem mortas. Sugestões negativas de pessoas ignorantes, mas bem-intencionadas, juntamente com dúvida, preocupação e, possivelmente, inveja são geralmente o que tira a vida da maioria das grandes ideias.

Assim como a gestante deve cuidar do feto que ela carrega, você deve cuidar da ideia que carrega. Associe-se com pessoas de pensamento positivo. Ouça os áudios de motivação. Leia livros de autoajuda. Repita afirmações diariamente ou cante-as. É uma maneira maravilhosa de adicionar energia positiva ao seu eu emocional.

Se fizer o que estou sugerindo, suas ideias crescerão dentro de você. Então, um dia – zás! Você entrará automaticamente em ação, e sua ideia entrará em forma.

Henry David Thoreau disse: "Se uma pessoa se mover com confiança na direção de seu sonho e se esforçar para viver a vida que imaginou, ela encontrará um sucesso inesperado em horas comuns". Thoreau estava certo. Cuide mentalmente da ideia, e um dia ela simplesmente acontecerá. A ação é a expressão de uma impressão.

Quando você trabalha mentalmente em suas grandes ideias, a ação se torna automática. Você não será capaz de pará-la. A ação vem de você, o que causa uma reação. A reação vem do universo. A ação que encontra a reação altera suas condições, circunstâncias e ambiente, o que produz o seu resultado, a sua criação.

Permita-me compartilhar uma história maravilhosa. É uma história verdadeira, que aconteceu com algumas pessoas muito legais no norte de Ontário, no Canadá. A história é sobre um garimpeiro pobre que, dia após dia, mês após mês, ano após ano, deixava sua casa e sua família para ir garimpar ouro. Houve momentos em que eles não tinham quase nada para comer. Quando a esposa ou o filho desse homem expressavam preocupação com o futuro, o homem lhes assegurava que eles não precisavam se preocupar, que chegaria o dia em que eles teriam momentos maravilhosos juntos, depois que ele encontrasse sua mina de ouro. Ele era um homem de grande fé, mas também era um homem de ação. Imaginava-se com sua mina de ouro e continuamente saía à procura dela.

Era a semana entre o Natal e o Ano-Novo. Naquela época do ano, no norte de Ontário, a neve é muito profunda, e faz um frio cruel. É predominantemente uma comunidade cristã, por isso, no Natal, poucas pessoas trabalham. A maioria das pessoas fica em casa. É um momento de estar com a família. Embora eu nunca tenha verificado isso, sinto-me bastante seguro de dizer que havia bebês nascidos naquela semana, naquela cidade fria e coberta de neve. Os bebês não se importavam com a ocasião ou com o clima. O tempo havia decorrido. O bebê chegou. A mãe deu à luz.

Chegou também a hora de a ideia desse homem ser posta em prática. Ninguém garimpou ouro naquela área entre o Natal e o Ano-Novo. Qualquer um que o fizesse ou mesmo sugerisse que o faria provavelmente seria considerado insano. No entanto, esse pobre garimpeiro ligou para o seu parceiro e disse: "Está na hora. Temos de ir", e lá foram.

Fora da cidade, a neve era tão profunda que eles só conseguiram se aventurar até poucos metros da estrada principal. De pé, a poucos metros da estrada principal, em temperatura congelante e neve profunda, o pobre garimpeiro disse: "Este é o lugar".

Eles foram muito além do que qualquer garimpeiro de juízo perfeito consideraria sensato com a sua perfuração, mas foi exatamente nesse mesmo lugar, entre o Natal e o Ano-Novo, que o pobre garimpeiro e seu parceiro se tornaram os proprietários extremamente ricos e multimilionários da Mina de Ouro Hemlo, uma das mais ricas já encontradas.

Paul Larch me contou essa história em um jantar. Veja, o pobre garimpeiro que se tornou o rico proprietário das Minas de Hemlo é John Larch, o pai de Paul. Eles eram pessoas boas, decentes, simpáticas. Se você os conhecesse, ficaria feliz por isso ter acontecido com eles.

Paul me disse que sabia que seu pai encontraria uma mina de ouro. Ele sabia disso porque seu pai não parava de dizer que iria encontrá-la. Desde o tempo em que era menino, ele escutava isso o tempo todo, e, como ele disse: "Papai acreditou que conseguiria". Foi essa crença ao longo dos anos que alimentou a ideia, a imagem. Ele imprimiu uma energia tão grande em seu subconsciente, por tanto tempo, que se moveu para a vibração em que tinha de estar para atrair o que ele atraía. A imagem dentro de John Larch tornou-se tão explosiva que teve de ser posta em prática. Natal, frio, neve – nada disso importava. Ele teve de agir de acordo com a ideia. A ação foi automática. Foi a expressão de uma impressão.

Você tem uma ideia grande o suficiente para mantê-lo entusiasmado por anos? John Larch tinha. Um benefício grande como a mina de ouro é a fé e a atitude de poder fazer que John incutiu em seu filho. John Larch era um homem muito rico antes mesmo de achar o ouro. Ele tinha – e deu a seu filho – o que o ouro não pode comprar.

Ponha o seu pensamento em ordem. Se ele estiver no caminho errado, corrija-o. Lembre-se, o que você não conserta, seus filhos herdam. Possivelmente, o maior obstáculo que qualquer um de nós enfrentará tem a ver com a crença de que algo verdadeiramente maravilhoso acontecerá em nossa vida. Parece ser bastante fácil para algumas pessoas acreditar que grandes coisas podem acontecer aos outros, mas não a elas. Se você está preso nessa armadilha, sugiro que analise o processo criativo. Você verá que todos temos as ferramentas para a grandeza.

Tenho estudado a vida de pessoas de sucesso há mais de trinta anos. Embora essas pessoas venham de origens variadas, um fator permanece constante: o processo criativo, que produz os resultados em suas vidas. Os resultados delas foram precedidos por uma ação que foi automática. Era a expressão dos pensamentos e das ideias que haviam sido impressas em sua mente emocional durante um período. Elas se transformaram naquilo em que pensavam. O pensamento sempre impulsiona a ação.

A conclusão é óbvia. Quando você fica quieto e pensa, cada movimento em que se envolve é uma ação. A ação é algo em que você já está envolvido. O truque na vida é controlar a ação, criar o tipo de ação explosiva que nos leva a encontrar a nossa mina de ouro. É isso que todos os grandes produtores fazem.

O Dr. Dennis Kimbro, de Atlanta, Geórgia, é um dos oradores públicos mais eficazes que já ouvi. Ele lançou o *Think and Grow Rich: A Black Choice*, que escreveu com Napoleon Hill. O Dr. Kimbro é um grande pensador. Eu costumava ler sobre pessoas como Sam Kalenuik e Dr. Kimbro, mas não conseguia me identificar com elas. Um dia, a ideia se estabeleceu em minha mente: pessoas assim, que fazem grandes coisas, não eram diferentes de mim. Eu deveria conhecê-las. Essa ideia cresceu, porque eu a continuei alimentando. Por fim, essa ideia teve que ser expressa em ação. Hoje sou como esses homens, porque *acredito* que sou – e agora conheço muitos dos grandes pensadores do mundo.

Você é como as grandes pessoas sobre as quais lê. Tome uma atitude. Saia e as conheça. Quanto mais dessas pessoas conhecer, mais verá que são semelhantes e melhor se sentirá sobre si mesmo. Quanto melhor se sentir sobre si mesmo, mais confiante se tornará. Quanto mais confiante se tornar, mais fácil será colocar em ação ideias ótimas, grandes e explosivas e resolver os problemas inerentes que vêm com elas.

Dato' Resham Singh, diretor de engenharia da Malaysia Airlines, disse o seguinte sobre a autoconfiança. Lembre-se e repita isto, que é algo que todos devem ouvir e entender: "Quando nos sentimos confiantes em nós mesmos, sabemos que podemos resolver os problemas – ou pelo menos colocá-los em perspectiva e nos lembrar de nossas habilidades quando as coisas não estão indo bem".

Portanto, não se preocupe com o que pode acontecer quando você colocar em ação a sua grande ideia. O que quer que aconteça será o que *deve* acontecer para que sua ideia ganhe forma.

Agora, vamos trabalhar. Aposto que a sua ideia pede por uma ação.

8

[DINHEIRO]

O pobre Willie Sutton não atraía dinheiro. Ele o repelia. Quando perguntaram a Willie Sutton porque roubava bancos, ele respondeu: "Porque é onde está o dinheiro". Pobre Willie. Ele estava errado em dois aspectos. Primeiro, os bancos não são onde o dinheiro está, e, segundo, roubar não é uma maneira sábia de obtê-lo. Pesquisas indicam que um ladrão recebe em média três mil dólares quando rouba um banco e, quando é pego, trabalha para o governo por dez anos para pagar por isso.

O dinheiro está na consciência e deve ser ganhado. Esse poderoso princípio é sobre dinheiro, um assunto delicado. É um assunto que a maioria das pessoas reluta em discutir, porque falar sobre isso pode atrair críticas severas. No entanto, você e eu somos almas corajosas, então vamos percorrer essa área incompreendida da vida.

Francis Bacon nos deu alguns conselhos valiosos quando disse: "O dinheiro é um bom servo, mas um mau mestre". Ao desenvolver o desejo por dinheiro, devemos buscar um equilíbrio de sabedoria também; caso contrário, a acumulação de riqueza poderia distorcer a nossa personalidade e roubar a nossa vida.

Muitas vezes, acho bastante estranho e triste que o ganhar dinheiro não seja ensinado em nossos sistemas escolares, em nenhum lugar do mundo, mesmo que o dinheiro seja um meio de troca que é aceito e usado em todo o planeta. A resposta frequente a esse tipo de pensamento é: "Por que ganhar dinheiro deveria ser ensinado como um assunto na escola? Todo mundo já sabe como ganhar dinheiro".

Isso não está correto. A triste verdade é que 97 em cada cem pessoas vivem e morrem sem nunca ter aprendido a ganhar dinheiro. A sua ignorância é passada de uma geração a outra. Por outro lado, os 3% ou 4% da nossa população que sabem como atrair riqueza passam sua consciência de prosperidade de uma geração para a seguinte. É hora de os 97% acordarem.

Se você faz parte desse último grupo, entenda que pode aprender a ganhar dinheiro, todo o dinheiro que quiser, e não é mais difícil do que aprender a dirigir um automóvel. As massas acham estranho que existam pessoas que aprenderam a pilotar foguetes para a Lua mas não aprenderam a acumular riqueza – contudo, não há nada de estranho nisso. Ser competente em uma coisa, independentemente do que seja, não significa ser competente em tudo.

Este capítulo não foi escrito para todos. Destina-se aos 97 em cada cem que querem ganhar dinheiro mas ainda não aprenderam como. Este capítulo não tem nada a ver com taxas de juros, investimentos, ações ou títulos. Esse poderoso princípio trada da causa da riqueza.

Há muitos anos, George Bernard Shaw falou sobre dinheiro. Ele fez algumas declarações que causaram inúmeras discussões. Um: "É dever de toda pessoa ser rica", e dois: "É pecado ser pobre". Que pensamentos essas declarações despertam em sua mente? Qual é a sua reação imediata?

Tanto tempo se passou desde que ouvi essas declarações pela primeira vez que não me lembro se reagi a elas ou me sentei e pensei objetivamente sobre elas, imaginando o que Shaw queria dizer. Provavelmente eu reagi, a maioria das pessoas reage. A minha reação foi muito provavelmente negativa também. Suponho que não importe como reagi, já que foi há vinte ou trinta anos; mas você deve admitir que essas são duas declarações muito poderosas. Você e eu devemos entendê-las se estivermos interessados em ganhar dinheiro.

Antes de rejeitarmos as declarações de Shaw, pensando que são ridículas, talvez devêssemos olhar para a pessoa que as fez. Saber um pouco mais sobre sua vida pode fornecer algum conhecimento.

George Bernard Shaw nasceu na Irlanda, em 1856, mas mudou-se para a Inglaterra quando tinha vinte anos e viveu a maior parte da vida lá. Foi dramaturgo, crítico de música e ensaísta. Shaw tornou-se muito bem-sucedido em seu campo. Na verdade, foi uma das figuras literárias mais importantes do século passado. Ele ganhou o Prêmio Nobel de Literatura em 1925. Você poderia facilmente concluir que uma pessoa como essa, ao fazer essas declarações, tinha pouca preocupação com os pobres ou estava zombando deles.

No entanto, se fizer uma mínima pesquisa, descobrirá que George Bernard Shaw era um forte defensor dos mais necessitados. Estava constantemente tentando melhorar suas vidas. Foi um dos primeiros apoiadores dos direitos das mulheres, quando isso não era popular, e tentou trazer à tona mudanças políticas e econômicas por meio de suas peças. Já que o assunto de suas peças era considerado radical, levou anos para que ele ganhasse aceitação.

Sabendo disso sobre o autor, vamos rever essas duas declarações e tentar entendê-las. Um: "É dever de toda pessoa ser rica". Dois: "É pecado ser pobre". Para entender corretamente o que Shaw estava dizendo, você deve primeiro ter a mente aberta. Em segundo lugar, deve permanecer objetivo, e, em terceiro, precisará de alguma compreensão das leis naturais do universo. Essas leis são frequentemente chamadas de "leis divinas".

Uma dessas leis afirma que tudo está se movendo. Absolutamente nada está em repouso. Ou você está avançando na vida ou está indo para trás. É crescer ou morrer. Criar ou desintegrar. Você está se tornando mais rico ou mais pobre.

Há uma segunda lei, que é chamada de muitas maneiras diferentes: lei cármica, semeadura e colheita, causa e consequência, ação e reação. Como você a chama é de pouca importância, mas é de vital importância entender como ela funciona. Os pensamentos, sentimentos e ações que você expressa na vida são as sementes que planta. As condições, circunstâncias e coisas que entram em sua vida são a colheita que você colhe das sementes que planta.

Guarde esses pensamentos por um momento enquanto investigamos a compreensão mais profunda das palavras *pecado* e *dinheiro*. O pecado é a transgressão da lei. A violação da lei é um pecado, e a recompensa do pecado é a morte. Isso não significa que o seu coração vai parar de bater, mas que você vai retroceder. Lembra-se da lei que afirma que você estará ou criando ou se desintegrando? Você vai crescer ou morrer. Quando tenta obter sem dar, está tentando colher a colheita sem semear as sementes. Não vai funcionar. Isso, meu amigo, é um pecado. Você irá retroceder.

Agora, vamos olhar para o dinheiro. O que ele é? O dinheiro é uma recompensa que você recebe pelo serviço que presta. Quanto mais valioso o serviço, maior a recompensa. A tentativa de obter dinheiro sem prestar serviço é uma violação da lei.

Shaw acreditava que você e eu fomos colocados aqui no planeta para servirmos uns aos outros. A reflexão sobre maneiras pelas quais podemos ser de maior ajuda irá nos permitir crescer intelectual e espiritualmente. É nosso dever servir, e o dinheiro é a recompensa que recebemos por esse serviço. Se uma pessoa recebeu o dinheiro dela de forma ilegal, não pense por um segundo que ela está no caminho certo. Ela terá de pagar o preço. Você colhe o que planta. Você pode até ver o dinheiro que ela tem e as coisas que o dinheiro irá comprar, mas nunca vê o preço que é pago. Todavia, ela irá pagar. Essa é a lei.

Toda pessoa ajuizada concordará que, à luz da lei, o que Shaw disse está correto. Mas é aí que o problema começa para a maioria das pessoas. Elas não pensam, e, se uma pessoa não está pensando, as declarações de Shaw podem parecer insensíveis, até ridículas. Pessoalmente, acredito que Shaw fez essas declarações da maneira que ele fez para fazer com que as pessoas pensassem.

O apóstolo Mateus fez essencialmente a mesma coisa 1.900 anos antes de Shaw. Mateus declarou: "Porque a todo o que tem se lhe dará, e terá em abundância; mas ao que não tem, até o que tem lhe será tirado" (Mt 25.29). À primeira vista, isso não parece muito justo. Mateus está dizendo que os ricos ficarão mais ricos, e os pobres, mais pobres.

As pessoas que acreditam que isso é injusto são as que veem a abundância como algo que é distribuído. Para elas, as declarações de Mateus devem ter parecido extremamente injustas. Se, no entanto, você vê a abundância como algo que alguém atrai, todo o quadro muda, e ele seria muito justo. A pessoa próspera terá pensamentos prósperos e atrairá mais do mesmo, enquanto a pessoa pobre terá pensamentos de falta e limitação. Por lei, elas também atrairão mais do mesmo.

De forma bem simples, Shaw e Mateus estavam enfatizando a importância de nossa própria responsabilidade na busca pela abundância. A abundância é algo para o qual nos magnetizamos. Nós a atraímos para nossas vidas. Isso é abundância em todos os aspectos da vida. Parceiros de negócios, amigos, tudo o que quisermos entrará em nossas vidas por lei, não escassez. Você está atraindo ou repelindo o bem. É a sua própria consciência que, em última análise, determina os seus resultados.

Uma vez, eu estava ao telefone com meu mentor Leland Val Van De Wall. Ele disse algo que ficou em minha mente: "O espírito aguarda a direção da alma". Permita-me divagar por um momento, porque há uma grande lição aqui sobre receber.

Minha conversa com Val tinha a ver com um projeto muito grande em que eu estava trabalhando para ele. Essa fala é uma declaração da verdade, e me beneficiarei dela pelo resto da vida. O meu novo entendimento, que resultou de sua explicação, irá me permitir ser mais útil para você e dezenas de milhares de outras pessoas em todo o mundo.

Pense no que acabei de compartilhar com você. Quem estava doando e quem estava recebendo? Não demorará muito para que você perceba que nós dois estávamos fazendo as duas coisas. Estávamos doando e recebendo simultaneamente.

Toda vez que falo com Val, aprendo alguma coisa. Tomei consciência disso há muitos anos. O homem é sábio. Depois de ter uma conversa com uma pessoa que tem sabedoria, faça como eu. Fique quieto e então pergunte a si mesmo o que essa pessoa disse. Nove vezes em cada dez, a lição que estava escondida na conversa surgirá em sua consciência.

"O espírito aguarda a direção da alma." Isso é poder. A declaração de Val contém o segredo de tudo o que você poderia querer. Você verá isso quando considerar que não *tem* uma alma, você *é* uma alma. O espírito, que é onipresente, está esperando a direção da alma. Pense nisso, e a lição começará a se revelar.

Como eu disse anteriormente, o dinheiro está na consciência e deve ser ganhado. Você deve entender essa afirmação se realmente deseja atrair dinheiro para a sua vida. Acredito que o livro de Napoleon Hill *Quem pensa enriquece* seja uma das obras mais completas já compiladas sobre a acumulação de riqueza. Carreguei a mesma cópia desse livro comigo por mais de trinta anos. Leio um pouco dele quase todos os dias. O prefácio da editora diz que ele transmite a experiência de mais de quinhentos indivíduos de grande riqueza que começaram do zero e sem nada para dar em troca de riquezas, exceto pensamentos, ideias e planos organizados. O prefácio afirma que esse livro contém toda a filosofia de ganhar dinheiro.

Quem pensa enriquece tem quinze capítulos, e nenhum desses capítulos é intitulado "Dinheiro". Na verdade, a palavra dinheiro nem sequer é mencionada em qualquer um dos títulos dos capítulos. O último capítulo tem oito palavras, mas *dinheiro* não é uma delas.

Outro grande livro sobre dinheiro é de J. Donald Walters, intitulado *O magnetismo do dinheiro*. Walters tem quatorze capítulos em seu livro e, novamente, nenhum é intitulado "Dinheiro". A palavra aparece no título do Capítulo 9, mas veja como ela é usada: "Como ganhar dinheiro pode promover o crescimento espiritual".

O ótimo livro de Robert Russell sobre ganhar dinheiro, *You Too Can Be Prosperous* (Você também pode ser próspero, em tradução livre), contém oito capítulos, e, novamente, o dinheiro não aparece em nenhum lugar dos oito títulos dos capítulos.

Há alguns anos, escrevi um livro, *Você nasceu rico*. Sam Kalenuik encomendou entre 35 mil e 40 mil cópias do meu livro da Bantam Books, em Nova York. Sam usa meu livro como eu uso o livro de Napoleon Hill. Ele tem dezenas de milhares de pessoas em sua empresa e está constantemente encorajando-as a estudar o *Você nasceu rico*. Há dez capítulos no meu livro, mas, assim como em *O magnetismo do dinheiro*, de Walter, apenas um menciona dinheiro no título: o primeiro capítulo, intitulado "Eu e o dinheiro".

Por que nenhum desses livros fala sobre o dinheiro, quando o seu propósito é ajudar o leitor a acumular riqueza? Pela mesma razão que um agricultor não gasta tempo explicando como realizar a colheita quando está ensinando seu filho a plantar uma semente. Há uma estação para semear e há uma estação para colher, mas você nunca faz as duas coisas na mesma temporada.

Aquiete-se e preste atenção ao que vou dizer. O papel que você dobra e coloca em sua bolsa ou bolso não é dinheiro. É papel com tinta sobre ele. Representa dinheiro, mas não é dinheiro. O dinheiro é uma ideia. Ganhar dinheiro não tem nada a ver com essas coisas de papel, tem a ver com a consciência. É por isso que todos esses grandes autores de livros que as pessoas afirmam que as ajudaram a ganhar milhões de dólares nunca escreveram sobre dinheiro.

Sam Kalenuik provavelmente sabe tanto sobre ganhar dinheiro quanto qualquer um que eu conheço. Se você o ouvir quando ele está explicando ao seu povo como ganhar muito dinheiro, não vai ouvi-lo falando sobre dinheiro. Vai ouvi-lo falando sobre amar as pessoas, ajudá-las e prestar serviço. Ele falará sobre entrar em uma vibração positiva, misturar-se com os vencedores, ignorar as falhas de outras pessoas e ajudá-las a conseguirem o que querem.

Sei que tudo isso soa meio piegas. Pode não parecer ter muita substância, mas é sobre isso que todos os grandes autores escrevem, e, se você estudar, vai descobrir que esse tipo de informação tem substância real. Estou ciente de que existem livros que o instruem sobre como manipular mercados, manipular ações e pessoas. Eles podem até ajudá-lo a obter dinheiro, mas não há força espiritual lá; e, se não há força espiritual, não há felicidade duradoura, nenhuma riqueza real.

O dinheiro deveria representar apenas uma parte da sua abundância. Se você quer dinheiro, peça abundância em todas as áreas de sua vida. Então, estude, compreenda e siga as leis para a semeadura, que colherá uma colheita abundante em todas as áreas da vida.

Existem leis que regem a saúde física, e, se violar essas leis, você perde. Você está bem ciente de que o seu o corpo não pode permanecer saudável se estiver fumando e enchendo os pulmões com nicotina, be-

bendo álcool ou comendo alimentos calóricos em excesso. Todo mundo sabe que esse tipo de comportamento não é propício à saúde física.

Da mesma forma, existem leis que regem a obtenção de dinheiro. Se você ainda não tem o meu livro *Você nasceu rico*, sugiro que obtenha uma cópia. Leia e depois releia o Capítulo 1: "Eu e o dinheiro".

Você deve se sentir muito confortável com a ideia do dinheiro. Isso pode parecer estranho, mas a maioria das pessoas não se sente confortável com o dinheiro, e é por isso que elas não têm nenhum. Ouça atentamente as conversas sobre dinheiro. A maior parte das pessoas irá pedir desculpas ou dar alguma forma de justificativa por quererem dinheiro, se é que irão de fato falar sobre ele. O rosto da maioria mudará de cor, e seu comportamento mudará quando surgir uma conversa séria sobre ganhar dinheiro.

Nada disso acontece com as pessoas ricas. Pessoas ricas estão cientes de que o dinheiro é um meio de troca e o tratam como tal. Elas o respeitam, sentem-se muito confortáveis com isso e ficam bastante à vontade falando sobre ele. Elas mantêm o dinheiro em seu devido lugar. Continuam sendo o mestre dele, e o dinheiro continua sendo o servo delas.

Quando as pessoas ricas experimentam problemas financeiros, o que não é incomum, elas têm a sabedoria para se concentrar na causa do problema. Fazem as correções mentais necessárias e prosseguem. Você raramente ouve uma pessoa rica falando sobre seus problemas financeiros. Sabe por quê?

A resposta óbvia é que as pessoas ricas não falam sobre problemas financeiros porque não têm problemas financeiros. Entretanto, essa área da vida não é diferente de qualquer outra: a verdade raramente está na aparência das coisas. As pessoas ricas têm mais problemas financeiros do que as pessoas pobres jamais sonharão em ter. Como uma pessoa pobre poderia ter problemas financeiros? Elas raramente têm dinheiro. O dinheiro não é problema dos pobres. A *falta* de dinheiro é o real problema deles.

Se você quiser resolver um problema, deve atacar sua causa. A causa da pobreza é a consciência da pobreza. A consciência da pobreza faz com que uma pessoa veja, ouça, cheire, pense e sinta falta e limitação. Ouça as conversas de indivíduos com consciência de pobreza. Falta, limitação e tempos difíceis são tudo sobre o que eles falam. Isso é tudo o que falam porque é tudo o que pensam; e isso é tudo o que pensam porque têm uma consciência de pobreza. Seus pensamentos, sentimentos e ações são as sementes que eles estão semeando. Na vida, você colhe aquilo que planta. A colheita deles é de carestia e pobreza. A colheita deles é o resultado em sua vida. Os resultados são expressos em sua saúde física, em suas contas bancárias e suas vidas sociais. Essas pobres almas veem seus problemas físicos com seus olhos físicos. É a Pobrelândia para elas. Os resultados delas as controlam. Continuam plantando as mesmas sementes e colhendo a mesma colheita, ano após ano. Consequentemente, aceitam isso como sua sorte na vida. Elas pensam: "Por que eu deveria esperar mais? Ninguém em nossa família nunca teve mais. Sempre fomos pobres. A culpa não é nossa. A culpa é do governo. Deveriam nos dar mais. Deveriam tirar das pessoas ricas e dar a nós. Eles nunca usarão tudo o que têm. Não é justo".

As pessoas ricas têm consciência de prosperidade. Elas entendem que há uma fonte infinita de suprimento. Estão cientes de que, se estão enfrentando um problema com a colheita, se não houver colheita suficiente ou mais do que suficiente para atender a todas as suas necessidades, elas são a causa do problema. Talvez não tenham preparado adequadamente a terra, semeado sementes suficientes ou em campos suficientes. Elas detestam a falta e a limitação. Exigem a vida boa e abundante, que é o seu direito de nascença, e, quando experimentam algo que seja menos que isso, assumem total e completa responsabilidade por sua posição. A culpa não faz parte do seu modo de vida. Não falarão sobre falta, porque sua consciência de prosperidade não permitirá. Sabem que falar sobre falta é semear para mais do mesmo. Elas imediatamente começam a debater com outros indivíduos que têm uma consciência de prosperidade sobre outras plantações que desejam colher no futuro e onde devem começar a semear.

Mike Todd, famoso cineasta que morreu anos atrás, disse uma vez: "Estar falido é uma situação temporária. Ser pobre é uma condição mental". Ele estava certo. Há pessoas ricas que perdem cada centavo que têm por meio de uma série de descuidos e erros de julgamento. Isso não as torna pobres. Elas terão tudo de volta em pouco tempo por causa de sua consciência de prosperidade.

Estude pesquisas sobre pessoas pobres que ganham nas loterias. Em pouco tempo, elas não têm mais nada. O dinheiro não pode ficar com uma pessoa que tem consciência de pobreza e, pela mesma lei, não pode ficar longe da pessoa que tem consciência de prosperidade.

Se você tem alguma dúvida na mente sobre onde sua consciência está, não é difícil descobrir. Seja muito honesto consigo mesmo e olhe para os seus resultados. Estude os padrões em sua vida.

A partir deste ponto, o nosso foco é criar uma consciência de prosperidade mais elevada e nos preparar para a colheita abundante. Comece preparando uma afirmação poderosa e positiva e alimente-a com emoção. Quando você faz isso, está depositando essa energia criativa no tesouro de seu subconsciente. Repetir esse processo uma e outra vez, todos os dias, começará a movê-lo mentalmente na direção que você quer ir. Escreva, leia, sinta e deixe-a tomar conta de sua mente.

Agora vamos falar sério. Quanto dinheiro você quer? Lembre-se da declaração de Val Van De Wall: "O espírito aguarda a direção da alma". O espírito requer instruções específicas. Dizer "Eu quero mais" não é bom o suficiente. Cinco dólares a mais é mais. Quanto mais? Decida sobre uma quantia.

Se sentir que precisa de ajuda, siga as instruções no Capítulo 2 de *Você nasceu rico,* intitulado "Quanto é suficiente?". Ele explicará como chegar à quantia, mas você deve ser específico. Deve ter a quantidade de dinheiro que precisa para fornecer as coisas que quer, para viver da maneira que escolhe viver, esteja trabalhando ou não.

Você não vai querer seriamente mais dinheiro do que é capaz de ganhar, mas você deve ganhá-lo. MF + D = R. Essa é a fórmula que você pode usar para se tornar financeiramente independente.

O MF representa metas financeiras. O D representa as despesas. O R representa o rendimento. Então, você define suas metas financeiras, adiciona suas despesas a isso e, em seguida, tem o valor que deseja ganhar. Chegar a respostas para algumas dessas perguntas provavelmente levará tempo. Você não vai respondê-las em cinco minutos, se as responder corretamente.

Quando considerar seriamente o impacto positivo que essa fórmula pode ter em sua vida, perceberá que ela certamente merece o tempo que levar. O MF estabeleceu suas metas financeiras. Quanto dinheiro você quer ter em um ano? Em cinco anos? Em dez anos?

Existem apenas duas maneiras de ganhar dinheiro. Uma são as pessoas trabalhando, e a outra é o dinheiro trabalhando. Você deve empregar ambos se quiser ser financeiramente independente. O que você está realmente dizendo é o seguinte: "Eu quero ter dinheiro suficiente trabalhando para mim para fornecer a renda de que precisarei para viver da maneira que escolho viver".

Esse assunto do qual acabamos de tratar pode fazer com que você pense que terá de deixar seu emprego atual, porque, em sua posição atual, não pode se ver ganhando a quantidade de dinheiro de que precisa. Embora isso possa ser verdade, não precisa ser verdade. A consideração mais importante sobre o seu trabalho diário é amar o que você faz. A quantidade de dinheiro que você ganha não é a consideração mais importante. Os indivíduos que vivem as vidas mais realizadas são aqueles que têm dificuldade de diferenciar trabalho de prazer. Isso, meu amigo, é um fator-chave para viver a vida abundante.

A renda que você ganha em sua posição atual pode ser pequena, mas sua renda geral pode ser substancial. Essa declaração indica que você teria que ter mais de uma fonte de renda. Se você não faz isso, deveria. Pessoas ricas têm MFR. MFR significa *múltiplas fontes de renda.* Você pode ter cem fontes de renda; poderia ter quinhentas se quisesse. Pode até contratar pessoas para gerenciar essas fontes.

Múltiplas fontes de renda não significam múltiplos empregos. Esse conceito geralmente leva a uma sepultura precoce. Múltiplas fontes de renda significam exatamente o que parecem. A ideia de que você deve trabalhar mais ou trabalhar mais horas para ganhar mais dinheiro é um mito. É um conceito acreditado e perpetuado por pessoas que geralmente estão muito cansadas e sem dinheiro. Isso pode incluir você ou possivelmente alguém que você ama.

Você deve entender que a maioria das pessoas realmente ricas não trabalha muito. Elas geralmente amam o que fazem e têm renda vindo para elas de muitas fontes. Não é difícil criar múltiplas fontes de renda. Qualquer um pode fazer isso. Uma mãe solteira que cria filhos sozinha pode configurar inúmeras MFR. Mas como este livro não é sobre múltiplas fontes de renda, não vou mais falar sobre isso.

Depois de determinar quanto dinheiro você deseja ganhar, escreva esse valor em uma folha de papel em números grandes. Olhe para os números com os cifrões ao lado deles e diga a si mesmo repetidas vezes: "Essa quantidade de dinheiro é um efeito. Representa uma recompensa que quero receber. Que serviço posso prestar que mereça essa recompensa?".

Você pode pegar o valor total e dividi-lo em várias partes. Cada parte representaria uma fonte de renda. Cada fonte de renda representa uma recompensa separada que você receberia por um serviço que prestaria. Trabalhe em uma de cada vez. Cada uma pode se tornar uma parte emocionante de sua vida.

O que você está realmente fazendo é pensar em maneiras diferentes de servir os outros. Lembre-se de que o dinheiro é uma recompensa que recebemos pelo serviço prestado. Quando entender essa lei básica, você entenderá que a única vez que deve pensar em dinheiro é quando está decidindo o quanto quer. A partir desse ponto, todo o seu foco intelectual, emocional e físico deve ser direcionado para a prestação de serviço.

Pense em como você pode fazer o que está fazendo de forma mais eficaz. Pense em como pode melhorar a qualidade e a quantidade do serviço que está prestando. Pense em como pode ajudar as pessoas que está ajudando de uma maneira melhor.

Lembre-se, o dinheiro é o servo supremo. Com dinheiro, você pode prestar serviço em mil lugares ao mesmo tempo. Quanto mais dinheiro você ganha, mais pode ajudar os outros.

As pessoas mais pobres têm uma consciência de pobreza. As pessoas ricas têm uma consciência de prosperidade. Uma consciência de pobreza fará com que você pense e experimente a falta de dinheiro. Uma consciência de prosperidade lhe trará grande riqueza.

Para desenvolver uma consciência de prosperidade, siga as instruções que lhe foram dadas. Decida exatamente quanto dinheiro você quer, separe-o em partes, depois esqueça o dinheiro e dê toda a sua atenção à prestação de serviços. O dinheiro tem de vir.

Ralph Waldo Emerson disse algo bastante verdadeiro quando afirmou: "A lei da semeadura e da colheita é a lei das leis". Descubra o que as outras pessoas querem e ajude-as a obtê-lo. Continue repetindo suas afirmações até se sentir verdadeiramente confortável com o dinheiro. A consciência da prosperidade atrairá para você a abundância, e a abundância é o seu direito de nascença.

9

[METAS]

Vamos brincar de "e se". E se você fosse a dez das maiores cidades do mundo e reunisse todas as pessoas mais ricas, felizes e saudáveis? E se tivesse a oportunidade de fazer uma pergunta a essas pessoas? Pode ser qualquer pergunta que queira fazer.

E se pedisse a elas que lhe dissessem uma coisa que você poderia fazer que lhe garantiria todo o sucesso que elas estavam desfrutando? E se cada uma delas lhe desse exatamente a mesma resposta? Você faria o que elas sugeriram? Claro que sim, sem pensar duas vezes.

Talvez esse jogo hipotético não seja realidade, mas sei o que essas pessoas bem-sucedidas teriam dito para você fazer, e isso é real. Esta é uma das mensagens mais oportunas, mais libertadoras e mais emocionantes que você já ouviu. Esse poderoso princípio fará com que você alcance o topo, porque não há limite para o que você pode fazer.

Posso realmente me entusiasmar com esse assunto e tenho licença para me gabar de todas as ideias aqui, porque reuni essas informações dos melhores. Nas últimas décadas, tenho estado quase obcecado em estudar a vida de pessoas de todo o mundo que são ricas, felizes e saudáveis. Testei cada pedacinho desse conhecimento. Sei, por experiência própria, que funciona.

Esta é a resposta que o próspero grupo de pessoas determinadas teria lhe dado se você tivesse sido capaz de reuni-las. Cada uma delas teria lhe dito que você não deve permitir que sua situação atual influencie o seu pensamento ou a sua tomada de decisão. Independentemente da sua situação atual, você deve proceder imediatamente para definir um objetivo, para alcançar algo tão grande, tão emocionante que o entusiasma e o assusta ao mesmo tempo. Deve ser um objetivo que seja tão atraente e esteja tão em harmonia com o seu núcleo espiritual que você não pode tirá-lo da mente.

Esse objetivo deve ser aquele que dominará o seu pensamento durante todas as suas horas acordado. Será um objetivo com o qual você deve se comprometer. Será uma ideia tão espetacular que você irá se relacionar instantaneamente com a citação de Alfred Adler: "Eu sou grato à ideia que me usou". Você deve definir uma meta pela qual voluntariamente trocará os dias de sua vida.

O que acabei de compartilhar com você é o que toda pessoa de sucesso endossa. Toda pessoa de sucesso, sem exceção, acredita que o que acabei de lhe dizer é a base para qualquer sucesso. As pessoas bem-sucedidas têm discordado em muitos pontos, mas todas estiveram em total e unânime acordo sobre isso.

Provavelmente, há mais informações disponíveis hoje sobre metas do que em qualquer outro momento da história registrada, mas parece que há apenas três ou quatro pessoas em cada cem que selecionam adequadamente e depois desfrutam da realização de uma meta do tipo que descrevi. Por quê? Por que há tão poucas pessoas?

Também tenho a resposta para isso. Há um tremendo poder que está continuamente em ação, lutando para impedir que você e eu estabeleçamos tal objetivo, e, até este ponto, 97 vezes em cem, essa força negativa e limitante tem vencido a batalha. Ela mantém 97% da população desejando positivamente e pensando negativamente.

Esse tipo de pensamento faz com que uma pessoa veja suas fraquezas, e, quando ela continua pensando dessa maneira, acaba desistindo de si mesma. Essa força não se limita a rodeá-lo, ela está em cada célula de todo o seu ser. O propósito deste capítulo é ajudá-lo a desenvolver uma força oposta, que seja infinitamente mais poderosa do que a força negativa – um poder que lhe permitirá receber todo o bem que deseja, um poder que fará com que coisas estranhas e maravilhosas aconteçam em sua vida, com uma regularidade constante.

Aprender o material que estou prestes a lhe dar pode ser comparado a receber um cheque em branco que você poderia preencher e descontar. Na verdade, é ainda mais valioso do que isso. Descontar um cheque apenas colocará dinheiro no seu bolso. Fazer o que lhe sugeri irá lhe garantir felicidade, saúde e independência financeira.

Podemos fazer muito mais do que nos damos crédito. Temos um recurso incrível e ilimitado disponível para nós. Seria chocante, para a maior parte das pessoas, saber o quanto elas poderiam alcançar na vida se apenas tentassem, se usassem o que lhes estava disponível. A maioria das pessoas não entende quanto potencial elas têm.

Há alguns anos, um jornal de Los Angeles publicou a incrível história de uma mulher chamada Frances Evita. Ela era uma mulher frágil de 45 quilos que levantou um automóvel, uma parte do qual pesava mais de 408 quilos, da cabeça de seu irmão e salvou sua vida. Levantar esse automóvel teria sido um feito incrível, mesmo para um jogador de futebol de noventa quilos, mas ela reuniu uma força sobre-humana sob o comando de sua mente.

As pessoas muitas vezes desistem de um grande objetivo porque teriam que se esticar. O alongamento, na maioria das vezes, é desconfortável, então elas abandonam a grande ideia ou o objetivo.

Se você quiser vencer e ganhar muito na vida, terá que aprender sobre flexibilidade.

Todo mundo tem uma zona de conforto determinada pelo seu condicionamento. O importante é estar disposto a crescer e a mudar. Ter sucesso na vida pode exigir que você faça coisas que são desconfortáveis. Faça-as assim mesmo.

Antes de continuarmos, devemos investigar essa força negativa mencionada, que tenta nos roubar a vida; porque, como disse anteriormente, ela está claramente vencendo a batalha contra 97% da população. Apontei o quão terrivelmente desonesto é esse poder negativo. Ele nos ataca por fora ao mesmo tempo que está drenando a força vital por dentro.

Fora de nós, esse poder é chamado de nosso *ambiente*. Não estou me referindo aos danos que estão sendo causados às nossas florestas, lagos, rios e córregos. Estou falando das pessoas que estão ao seu redor: 97% delas farão tudo o que estiver ao seu alcance para impedi-lo. A ignorância delas as torna um inimigo muito destrutivo.

Dentro de nós, esse poder é comumente chamado de *condicionamento*. O nosso subconsciente, a parte de nossa personalidade que está em cada molécula do nosso ser e governa o nosso comportamento, jogará todos os tipos de jogos mentais com você, na tentativa de mantê-lo preso a hábitos destrutivos.

O condicionamento mental não é nada mais do que uma infinidade de hábitos. Esse condicionamento pode e faz com que algumas pessoas passem todas as suas horas acordadas planejando obter dinheiro suficiente para comprarem drogas que depois injetam em seu corpo, sabendo que isso matará uma parte de seu cérebro. O condicionamento mental é certamente uma força poderosa. Esse pode ser um exemplo extremo, mas é um bom exemplo.

Existem milhões de vendedores que sabem como explorar novos clientes. Eles sabem como fazer apresentações eficazes de vendas. Sabem como fechar uma venda. Também sabem que, fazendo o que já aprenderam, a fama e a fortuna serão deles. Quando você perguntar o que querem, eles lhe dirão: fama e fortuna.

Agora, olhe para o que esse poder traiçoeiro faz. Ele faz com que esse vendedor se sente em casa e assista à televisão ou fique no escritório e em cafeterias conversando sobre tempos difíceis com outro vendedor que está na mesma posição que ele – falido e infeliz.

É o condicionamento delas, os seus hábitos, que mantém essas pessoas fazendo o que não querem fazer. É o condicionamento delas que está lhes dando o que não querem obter. Elas são perdedoras e sabem que são perdedoras.

Ouça isto: você não precisa perder. Você pode ganhar muito. Você pode alcançar o topo e é capaz de conquistá-lo. Com certeza você é capaz de conquistá-lo, e a bela verdade é que não faz diferença onde é o seu ponto de partida.

Deixe-me me referir a uma história verdadeira. Um amigo meu, Rick Hansen, escreveu um livro intitulado *Going the Distance: Seven Steps to Personal Change* (Indo longe: sete passos para a mudança pessoal, em tradução livre). Quando Rick tinha quinze ou dezesseis anos, ele sofreu um acidente automobilístico que o deixou paralisado da cintura para baixo. Teria sido fácil para ele se sentar e reclamar, passar a vida deixando os outros agirem por ele. Na superfície, as cartas certamente estavam empilhadas contra ele. A força negativa a que me referi não estava apenas batendo na porta de Rick, estava tentando arrombar a porta, mas ela não seria capaz de roubar a vida dele sem sua permissão.

Esse é um ponto importante – algo que você não deve negligenciar. Você pode estar completamente cercado pela negatividade, e seu condicionamento pode ser tão ruim quanto parece. Independentemente disso, você vai ganhar. A força negativa será derrotada e rejeitada se você tiver um objetivo que se encaixe na descrição que lhe dei.

Rick Hansen tinha esse objetivo. Ele era enorme. Ele abriu caminho ao redor do mundo em sua cadeira de rodas e arrecadou 23 milhões de dólares para pesquisas sobre medula espinal. Eu poderia muito facilmente sair do assunto principal aqui e apenas falar sobre Rick Hansen e suas realizações surpreendentes. No entanto, esse não é o propósito deste capítulo. Leia o livro de Rick sobre sua turnê mundial, *Man in Motion* (Homem em movimento, em tradução livre), ou *Going the Distance*, seu programa de realização de objetivos. A vida e o estilo de vida dele são uma inspiração para qualquer pessoa ambiciosa. Livros como esses são as armas que você usa para lutar a batalha, mas, lembre-se, sua grande arma é o objetivo. Ele tem de ser grande e bonito.

Deixe-me repetir: estabeleça uma meta para alcançar algo tão grande, tão emocionante que o entusiasme e o assuste ao mesmo tempo. Deve ser um objetivo que seja tão atraente e esteja tão em harmonia com o seu núcleo espiritual que você não possa tirá-lo da cabeça. Esse objetivo deve ser aquele que dominará o seu pensamento durante todas as suas horas acordado. Será um objetivo com o qual você deve se comprometer.

Você deve querer mudar algo. O desejo é a possibilidade não expressa de uma ideia que deseja ser expressa. Não limite seus desejos ao que você acha que pode ter. Você deve se dar a chance de sonhar e de se arriscar. O que você quer? *Querer* é a grande palavra aqui. Se você pode sonhar, pode fazer. Você tem o poder ao seu comando, assim como Rick Hansen.

Havia um menino pastor egípcio que foi encarregado de um rebanho de ovelhas. Foi-lhe dito que o lago do outro lado da colina era apenas para uso de emergência. A sua água era limitada, então ele foi instruído a não a usar, a menos que outras fontes secassem. Um período extremamente quente trouxe a emergência, então o menino levou o rebanho para o lago. Embora as ovelhas bebessem do lago durante todo o dia, a água manteve o seu nível original.

O pastor investigou essa estranha situação e fez uma descoberta curiosa. O lago era alimentado por um córrego subterrâneo. À medida que a água era removida do topo do lago, a pressão subterrânea era ativada para fluir para cima. Em outras palavras, o lago tinha uma fonte constante e ilimitada de suprimento.

O desejo e os poderes mentais de uma pessoa também são ilimitados. Por que, então, a maioria dos homens e mulheres leva uma vida tão limitada? A resposta pode ser encontrada na história do lago.

A maioria dos homens e mulheres nunca investiga de verdade suas potencialidades. Eles erroneamente pressupõem que o que fazem atualmente é tudo o que podem fazer. Acreditam falsamente que o amanhã deve ser tão malsucedido quanto hoje, então infelizmente aceitam a autolimitação, e, enquanto as pessoas aceitarem a limitação, elas não serão motivadas a descobrir as grandes oportunidades que estão à sua frente. O desejo é o elemento que falta para abrir a porta para a sua riqueza. A vida abundante é sua, basta pedir.

Stella Mann disse: "Se você pode ter algo na cabeça, pode tê-lo na mão". A poderosa verdade é que, focando a mente em seu desejo, ele se materializará para você. Pode não ser fácil para você manter os olhos no que quer, quando o que quer está tão longe de onde está. Nunca desista.

Mesmo que sua programação possa ter tornado natural duvidar de sua habilidade, lembre-se do que Napoleão disse: "Eu vejo apenas o objetivo. Os obstáculos devem abrir caminho". Ao nos prendermos ao que queremos, desencadearemos uma poderosa força positiva para tornarmos nossos sonhos realidade. Iremos, com o nosso pensamento, colocá-la em movimento.

O mundo está cheio de pessoas que desejam intensamente o bem. Essas pessoas desejam positivamente, mas pensam negativamente. Por causa da falta de persistência, elas abandonam seus objetivos muitas vezes pouco antes do avanço, e seus objetivos e inspirações morrem na vinha dos sonhos despedaçados. Há inúmeras histórias de pessoas que estavam a poucos minutos ou centímetros de um sucesso inacreditável, mas desistiram apenas um segundo cedo demais. Elas perderam tudo porque não deram aquele passo extra em sua mina de ouro ou desistiram um dia antes que as massas se voltassem para sua ideia ou seu produto.

Mantenha seus sonhos vivos. Como você faz isso? Crie filmes mentais do seu objetivo desejado. É tão fácil com um supermercado quanto com um pão. Os seus objetivos podem se concentrar em torno do crescimento físico, mental, monetário ou pessoal.

Quando Rick Hansen ouviu a força negativa do desânimo batendo à porta, ele a afastou, vendo-se na Grande Muralha da China, e quando o desânimo veio novamente, ele o afastou, vendo-se chegando a um estádio de Vancouver cheio de torcedores que o recebiam em casa após a conclusão de sua viagem de conquista mundial.

Construa seus próprios filmes. Veja-se vitorioso. Sinta. Aproveite a sensação. O desânimo se dissolve na presença de um sentimento alegre. O propósito desse poderoso princípio é ampliar a importância das metas em sua mente. Os objetivos são essenciais para que haja vida. Existe uma lei que afirma que você irá criar ou desintegrar.

Necessidade: ao contrário da opinião popular, a necessidade é um estado mental magnífico. A necessidade leva à insatisfação, e a insatisfação leva à criatividade. Isso nos faz explorar nossos recursos internos.

Volte mentalmente à sua infância. Veja como a natureza é maravilhosa e como a necessidade afetou a sua vida. Quando você estava crescendo, havia certas coisas que queria, certas coisas que esperava. São o que chamo de *objetivos de quem aprende*. Elas estavam preparando-o para os grandes objetivos. Talvez entre eles estivesse: tirar carteira de motorista, ir ao seu primeiro encontro ou ter um par para um evento especial.

À medida que envelhece, há outras coisas que você quer, você se prepara, se antecipa. Talvez seja certa comemoração, um aniversário ou férias anuais. Quando estava com noventa anos, o comediante George Burns fez planos para comemorar seu centésimo aniversário. Ele nasceu em 20 de janeiro de 1896 e morreu em 9 de março de 1996 – várias semanas após o centésimo aniversário.

Constantemente digo que você não vai querer seriamente algo que não pode alcançar. Qual é o tamanho dessa coisa que você quer? Ela se encaixa na nossa descrição?

Conforme experimenta o sucesso com metas menores, você descobrirá que elas ficarão maiores. Estabelecer metas realmente grandes pode fortalecer sua fé. Quando você define uma grande meta, é provável que não saiba nem mesmo por onde começar. Embarcar nessa jornada requer uma quantidade respeitável de fé. Além disso, uma vez que você não sabe quanto tempo levará antes de alcançar seu objetivo, a sua fé deve conduzi-lo através dessa jornada.

Rick Hansen me disse que, quando ele e sua equipe deixaram Vancouver para dar a volta ao mundo, eles não tinham ideia de como iriam chegar além de Los Angeles. Era ali que o dinheiro deles iria acabar. Tenha em mente que ele estava em uma cadeira de rodas. Eles nem sabiam como iriam alcançar o seu objetivo. Só sabiam que o fariam – e começaram.

William James, um dos maiores psicólogos americanos, deu-nos um conselho magnífico: "Se você vai mudar sua vida" – e é disso que se trata esse poderoso princípio – "há apenas três pontos a serem lembrados. Um, faça imediatamente; dois, faça extravagantemente; e três, sem exceções". Não é um ótimo conselho?

As metas nos revelam a nós mesmos. Quando cavar fundo, quando absolutamente se recusar a desistir e continuar se movendo em direção ao seu objetivo, apesar de um milhão de obstáculos, você verá e apreciará o seu verdadeiro eu. Você começará a ver e apreciar o potencial infinito dentro de si mesmo.

Ame seu objetivo, realmente o ame. Quando você está apaixonado por uma pessoa, está em sincronia ou em harmonia com ela – intelectual, emocional e fisicamente. No caminho da realização de metas, você deve se apaixonar pelo seu objetivo. Deve se apaixonar pela ideia.

É comum que uma pessoa no auge de um divórcio fique devastada e desequilibrada por certo período. O indivíduo que se separa de seu objetivo ao longo do caminho pode experimentar emoções semelhantes. Rejeitar o seu objetivo irá atrapalhar a sua vida. Ame o seu objetivo e fique com ele. Isso lhe dá poder.

As metas desenvolvem e fortalecem a sua criatividade e flexibilidade. Como ninguém sabe exatamente como alcançará um objetivo, é importante manter a flexibilidade. Esteja aberto a novas ideias e sugestões. Você também deve estar constantemente à procura de novas maneiras de alcançar os seus objetivos.

Alguns acreditam que o propósito do objetivo é alcançar algo específico. Isso faz parte do processo de definição e de realização de metas, mas, como a realização real da meta compreende uma parte tão minúscula de todo o processo, parece uma pena gastar tanto tempo e energia em algo que é relativamente fugaz, especialmente porque a maioria dos indivíduos estabelecem metas baixas para si mesmos.

As metas fornecem muito mais do que a realização dessa determinada coisa. Elas fornecem inspiração, que supera as forças negativas que tentam roubá-lo da vida. Todo mundo experimenta desafios na vida. Ter um objetivo permite que você mantenha a fé diante desses obstáculos e desafios. As metas fornecem a esperança e a inspiração de que você irá precisar quando as coisas ficarem difíceis. Obstáculos são aquelas coisas assustadoras que você vê quando se dispersa do seu objetivo.

As metas lhe oferecem a oportunidade de crescer. Quando você definir o objetivo adequado, terá que se desenvolver. Mude seus hábitos, o que irá alterar o velho condicionamento. Todas essas mudanças fazem parte de um processo de aprendizado que irá adicionar novas dimensões à sua vida.

As metas oferecem uma oportunidade para você se sentir melhor consigo mesmo. Além da sensação maravilhosa de realmente alcançar o objetivo em que está trabalhando, você também se sentirá melhor consigo mesmo durante o processo de alcançá-lo. Com o aumento do conhecimento e da experiência, aumentará sua confiança e sua autoestima. As melhorias em sua autoestima e em sua autoconfiança permitirão que você alcance o topo.

As metas fornecem uma direção positiva para a sua vida. Sem um objetivo, você simplesmente continuará se movendo no mesmo rumo, sendo puxado para essa ou aquela direção pelas circunstâncias, pelos eventos e por aqueles 97% da população que estão perdidos. Com um objetivo, você tem direção. Você está em uma missão. Você está vivo.

Se você ainda não o fez, pare o que estiver fazendo e siga o conselho dos vencedores do mundo. Estabeleça uma meta para fazer algo, algo tão grande, tão emocionante que o entusiasme e o assuste ao mesmo tempo.

10

[ATITUDE]

O filósofo Viktor Frankl escreveu: "Tudo pode ser tirado de uma pessoa, exceto uma coisa: a última das liberdades humanas – escolher a própria atitude em qualquer conjunto de circunstâncias, escolher o próprio caminho".

Frankl estava certo. Atualmente, você pode ser confrontado com mil problemas e pode não ter controle sobre muitos ou a maioria deles. Mas você sempre tem controle completo e absoluto sobre uma coisa: a sua própria atitude.

A *atitude* tem sido descrita como a palavra mais poderosa nesta ou em qualquer outra língua. Earl Nightingale disse que *atitude* é a palavra mágica, e realmente é. Quando você entrega o controle de sua atitude a uma situação aparentemente negativa, faz a única coisa que é capaz de fazer: reagir à situação. Quando isso acontece, você perde. Por outro lado, se você permanece objetivo, responde à situação adequadamente. Essa é sempre a escolha do vencedor.

Os resultados finais dessas duas abordagens diferentes são totalmente antagônicos. Você e eu sabemos que há muitas coisas erradas neste mundo. Infelizmente, isso é tudo o que algumas pessoas são capazes de ver. Essas pessoas vivem vidas escuras e limitadas. Elas são infelizes e realizam pouco ou nada que tenha alguma consequência real. As vidas delas são caracterizadas pela falta e limitação. Parece que elas passam de uma experiência ruim para outra. Infelizmente, a atitude delas é a causa de seu problema. É lamentável, porque elas geralmente não estão cientes da causa de seu estilo de vida indesejado. Estão perdendo a cada curva na estrada da vida e não sabem por quê.

Por outro lado, há aqueles que estão sempre ganhando. Eles são os verdadeiros impulsionadores e agitadores, os sortudos, sortudos porque as coisas boas continuam vindo em sua direção. Eles concentram sua atenção na beleza que os rodeia aonde quer que vão. As vidas deles são emocionantes e cheias de aventuras. Eles vão de uma grande conquista a outra.

Esse grupo desfruta de uma vida familiar maravilhosa. Eles desenvolvem relacionamentos profundos e significativos com os outros. Estão no controle de suas vidas. Sabem para onde estão indo e sabem que chegarão lá. São os verdadeiros vencedores na vida, e as suas vitórias são uma questão de escolha.

A atitude é tudo para o vencedor. Muitas pessoas lhe dirão que a atitude não pode ser definida, que ela é demasiadamente nebulosa, ambígua. Os vencedores não concordam. Eles sabem que a atitude pode ser definida, pode ser entendida e pode ser controlada por qualquer pessoa.

O grande filósofo romano Sêneca disse: "O mais poderoso é aquele que tem controle sobre si mesmo". Ao estudar esse princípio repetidas vezes, você terá controle sobre si mesmo. Você deixará de ser um brinquedo para forças externas.

Pense em si mesmo. Você vive simultaneamente em três níveis diferentes. Você é um ser espiritual, tem um intelecto e vive em um corpo físico. A sua atitude é a expressão de todas as três partes. A atitude é composta de seus pensamentos, seus sentimentos e suas ações.

A atitude é, na verdade, um ciclo criativo que começa com a sua escolha de pensamentos. Quero enfatizar este ponto: você escolhe seus pensamentos, e essa escolha é onde sua atitude se origina. Pensamento é energia. As ondas de pensamento são ondas cósmicas de energia que penetram o tempo e o espaço. O pensamento é considerado por muitas autoridades como a forma mais potente de energia existente.

À medida que internaliza seus pensamentos e se envolve emocionalmente com eles, você estabelece o segundo estágio na formação de uma atitude. Você move todo o seu ser, mente e corpo para uma nova vibração. A sua consciência dessa vibração é chamada de *sentimento*. Os seus sentimentos são então expressos em ações ou comportamentos, e esse é o terceiro e último estágio na formação da atitude, que produz os resultados em sua vida.

Atitude e resultados são inseparáveis. Eles se seguem como a noite segue o dia. Olhe para a sua vida. Faça uma avaliação próxima e honesta dos resultados que está obtendo atualmente. Veja se você é capaz de relacionar a sua atitude com os seus resultados. Isso é vital para o seu bem-estar. Para que faça o progresso que é capaz de fazer, você deve entender a relação de causa e consequência entre atitude e os resultados.

Causa e consequência é uma das grandes leis eternas da natureza e é parte integrante desse poderoso princípio. Ralph Waldo Emerson disse que a lei de causa e efeito era a lei das leis. Ele também disse que uma pessoa é o que ela pensa o dia todo. O grande imperador romano Marco Aurélio disse essencialmente a mesma coisa, centenas de anos antes de Emerson: "A vida de uma pessoa é o que seus pensamentos fazem dela". Os resultados que você alcança na vida são nada mais do que uma expressão de seus pensamentos, sentimentos e ações.

Considere o que estou prestes a dizer antes de formar uma atitude sobre qualquer coisa. Tudo na vida tem dois lados: o positivo e o negativo. De fato, essa é outra lei absoluta e eterna do universo, conhecida como Lei da Polaridade.

Você e eu podemos escolher olhar para o lado positivo ou negativo de toda e qualquer situação na vida, mas entenda claramente que você só é capaz de ver um lado de cada vez. A mente consciente não é capaz de pensar em duas coisas ao mesmo tempo. Aqueles que vencem estão cientes do que é negativo, mas o seu foco consciente está sempre no oposto, no que é positivo. Se não são capazes de ver o que é bom, continuam olhando até descobrirem.

O Dr. Norman Vincent Peale, um vencedor para o padrão de qualquer um, falando sobre essa bela verdade, disse: "Essa é uma das maiores leis do universo. Sem sombra de dúvida, eu gostaria de tê-la descoberto quando era muito mais jovem. Ela me ocorreu muito mais tarde na vida, e descobri que era uma das minhas maiores, se não a maior descoberta fora do meu relacionamento com Deus. A grande lei afirma brevemente que, se você pensar em termos negativos, obterá resultados negativos. Se pensar em termos positivos, alcançará resultados positivos. Esse é o simples fato que está na base de uma lei surpreendente de prosperidade e sucesso. Em quatro palavras, *acredite e tenha sucesso*".

Isso parece bem simples, não é? Bem, é simples; no entanto, graças a anos de experiência, descobri que assumir o controle de sua atitude e mantê-lo não é necessariamente fácil. Se já está fazendo isso, você é uma pessoa extraordinária, definitivamente um vencedor, e pertence a um grupo muito seleto de indivíduos, os cinco por cento que desfrutam de todas as recompensas que a vida oferece. Você também sabe que o que estou dizendo está correto.

Se você não está no controle de sua atitude em todos os momentos, mas gostaria de estar, vou sugerir um experimento simples para você tentar a cada dia, durante os próximos trinta dias. Isso o colocará em uma trilha vencedora, e a compensação que você receberá por completar com sucesso esse experimento, um dia de cada vez, pelo próximo mês, irá surpreendê-lo e encantá-lo. Quero sugerir que você teste esse experimento no trabalho, já que a maior parte do nosso prazer vem do nosso trabalho, e não do nosso lazer.

Ok, vamos começar. Revise mentalmente o seu trabalho. Pense em todos os aspectos de sua posição particular. Pegue um bloco e uma caneta e faça uma lista de todos os pontos positivos. Quando você tiver concluído isso, faça a mesma coisa com a sua empresa.

Esse exercício deve mantê-lo ocupado por um tempo. Você pode pedir a alguém para se juntar a você. Escolha um associado que seja como você e que queira melhorar seu *status* como vencedor. Carregue a lista consigo e leia pelo menos duas vezes por dia, todos os dias, durante o próximo mês.

Frequentemente, quando sugiro esse exercício a uma pessoa, ela responde que não é capaz de pensar em nada de bom em seu trabalho. Talvez eu sorria, mas digo: "Tudo bem". Então, pergunto a ela: "O que há de errado com o seu trabalho ou empresa? Anote tudo o que você acha que está errado em seu trabalho no seu bloco de notas. Faça a maior lista que puder".

Pelo menos esse é um começo. O ponto principal é fazer alguma coisa. A ação é a chave. Esse pode ser o único lugar onde algumas pessoas são capazes de começar, mas, como eu disse, tudo bem. Quando elas têm a lista completa, aponto que tudo tem um oposto. Você não pode ter um mal sem um bem, assim como não pode ter um aumento sem uma redução em algo, ou um quente sem um frio. É o outro lado da moeda. Você pode pegar qualquer coisa nessa lista do que está errado e descobrir o que é bom sobre isso, basta pensar e procurar o lado bom.

Vamos supor que uma pessoa tenha tido uma dificuldade real em pensar no que era bom no trabalho dela. Então, em vez de uma lista do que é bom, ela começa com uma lista do que está errado. Como eu disse, está tudo bem. É um bom lugar para começar.

A primeira coisa na lista é algo assim: "O meu chefe tem uma atitude terrível. Ele é um indivíduo muito infeliz e extremamente difícil de lidar". Antes de continuarmos, devemos concordar que essa poderia ser uma descrição válida do chefe de qualquer pessoa. Há muitos por aí que se enquadram nessa categoria. É por isso que os chamamos de chefes, não de líderes.

De qualquer forma, se assumirmos que essa é uma descrição válida do superior do indivíduo, o que se deve fazer? Número um, devemos ter em mente que nossa própria atitude começa com nosso pensamento e devemos lembrar que temos uma escolha. Podemos conscientemente fazer a escolha do vencedor e responder à situação, ou inconscientemente reagir à atitude do chefe e perder. Se você reagir, está permitindo que a atitude da outra pessoa azede a sua.

Não permita que essa joia escorregue pelas rachaduras em sua mente: em todas as situações, você *reage* ou *responde*. Quando reage, você perde. Quando responde, você ganha.

O próximo passo nesse ciclo negativo seria culpar o chefe por tornar você infeliz. A culpa é um jogo tolo, e você não ganha nada com isso. Nada muda ou é melhorado ao se jogar o jogo da culpa. Lembre-se, eu disse que *você* permitiu que a outra pessoa azedasse a sua atitude. Você deu a sua permissão. Essa foi uma escolha que você fez, e não muito boa. Você perdeu.

A maioria das pessoas que perdem continuamente em situações como essa geralmente não estão fazendo uma escolha consciente. Elas estão fazendo isso inconscientemente. É um hábito. Elas têm o hábito de reagir à vida em vez de responder. Ter uma atitude ruim ou negativa muitas vezes é parte da natureza condicionada de uma pessoa.

O mesmo, é claro, se aplica a uma atitude positiva. É por isso que é vital que você leia esse poderoso princípio até formar o hábito de responder a todas as situações da vida de maneira positiva. Este livro foi projetado para ajudá-lo a formar o hábito de usar todos os princípios de grande poder que os vencedores incorporaram em suas personalidades.

Voltando ao chefe: se formos sábios o suficiente para fazer a escolha do vencedor e responder (em vez de reagir) ao comportamento desagradável desse indivíduo, começaremos por assumir a responsabilidade por nossa própria atitude, independentemente da atitude que a outra pessoa possa ter. Ouviremos objetivamente o que ele está dizendo ou observaremos objetivamente o comportamento dele. Mentalmente, é provável que estejamos pensando: "Não é triste? Essa pessoa está escolhendo se tornar tão infeliz. Também é triste que ela escolha se comportar de maneira tão infantil. Fico feliz por não fazer o mesmo".

Ao mesmo tempo, iremos nos certificar de que não estamos nos permitindo ter envolvimento emocional com as declarações negativas dessa pessoa, mesmo que algumas dessas declarações possam ser direcionadas a nós, pessoalmente.

Sigo o excelente conselho de Jack Canfield, especialista em autoestima. Sempre que declarações negativas são dirigidas a você pessoalmente, Jack sugere que continue repetindo para si mesmo: "Eu não me importo com o que você pensa ou diz sobre mim. Sei que sou uma pessoa digna".

Ao ouvir isso, você pode estar pensando: "Isso seria difícil de fazer, especialmente com algumas pessoas". Claro, pode ser difícil, mas você consegue fazer, e, a cada vez que faz, fica melhor nisso. Se responder assim com frequência suficiente, você irá se tornar muito bom nisso. Muito em breve, isso se tornará um hábito, e é aí que você o domina. Geralmente, existem inúmeras oportunidades para praticar, porque infelizmente existem muitas pessoas que têm atitudes ruins. Lembre-se, os vencedores estão em minoria. Eles formam o clube dos cinco por cento.

Então, vamos voltar e pensar sobre o lado bom de trabalhar para esse chefe infeliz que tem uma atitude ruim. Vou lhe dizer o que há de bom nisso: toda vez que você encontra uma situação como essa com o seu chefe, é abençoado com outra magnífica oportunidade de fortalecer sua capacidade mental de manter uma atitude positiva diante de uma situação negativa. É o que há de bom nisso.

Se pensar sobre isso por tempo suficiente, pode ficar animado em trabalhar para uma pessoa como essa. Não vai demorar muito para que você esteja praticando conscientemente esse controle toda vez que encontrar uma pessoa negativa, e o conselho de Sêneca começará a ter maior significado.

Os verdadeiros vencedores são mestres no controle de atitude. Eles geralmente geram inveja em todos os presentes. Um daqueles que muito provavelmente terá inveja de você será o chefe. Em pouco tempo, você pode perceber a atitude dele mudando, e a verdadeira beleza, que havia sido enterrada sob um cobertor mental negativo o tempo todo, começará a se revelar. A atitude de um vencedor é contagiosa. As pessoas que estão continuamente em sua presença vão pegar o que você tem. É o que o lado superior de sua natureza sempre buscou.

Volte para onde começamos esta lição. Você é espiritual. O espírito está sempre em busca de expansão e expressão mais plena, nunca de desintegração. Uma atitude negativa é uma força em desintegração. Uma atitude positiva é uma força criativa e de crescimento. Ame a pessoa negativa; a princípio, com a única motivação de que ela lhe dá a oportunidade de praticar o desenvolvimento de um controle consciente e positivo sobre a própria atitude. Você pode aplicar esse mesmo conceito simples a qualquer situação negativa em sua vida.

Não quero insinuar, todavia, que não haja situações negativas na vida atual. Há muitas delas. Frequentemente, elas são terríveis, mas devemos nos lembrar de algo que ouvimos muitas vezes: Deus nunca nos dá um problema que não somos capazes de administrar.

Às vezes, essas situações negativas nos tirarão dos trilhos e farão com que nossas atitudes nos façam escorregar e cair. Isso acontece com todos, inclusive comigo. Não haveria crescimento mental se tudo fosse sempre cor-de-rosa, ele não seria necessário. Mesmo os vencedores podem se desviar às vezes. Eles podem ser derrubados e perder, mas não vão ficar prostrados.

Vamos cometer erros. Ninguém é perfeito. A perfeição é o que o vencedor se esforça para ter, mas ainda não alcançou. Mesmo assim, o vencedor está constantemente ciente da verdade básica de que a atitude é a base de todo sucesso. É um poderoso princípio dominado por todo vencedor. Transforme-o em um hábito.

Robert Russell disse: "O hábito é a maneira de Deus tornar o bem automático em nossa vida". Com certeza vale a pena lembrar disso. Os vencedores podem falir. Eles podem perder tudo o que têm. Isso pode lhes acontecer várias vezes. Mas eles se recusam a perder o controle sobre sua atitude e, como resultado, estão de volta ao topo em um curto espaço de tempo.

Não somos perfeitos. Às vezes, podemos fazer um mau julgamento quando tomamos decisões, e essas más decisões podem criar uma crise por um curto período, mas a escolha do vencedor nesses momentos é manter os olhos em seu objetivo, manter uma atitude positiva e continuar trabalhando.

O vencedor acredita firmemente que tudo acontece por lei. Portanto, tudo acontece por uma razão, então, independentemente do que acontece na vida, ele mantém o controle sobre sua própria atitude. O vencedor está bem ciente da bela verdade de que sua atitude em relação ao mundo e tudo nele determinará a atitude do mundo em relação a você. Isso pode ser difícil de entender ou aceitar às vezes. No entanto, é verdade. É uma lei.

Ao manter o controle sobre a maneira como pensa, sente e age, você faz com que coisas boas aconteçam em sua vida. Na verdade, você se magnetiza para o bem. Por essa mesma razão, aqueles que têm uma atitude pobre realmente atraem situações negativas para as suas vidas. Essas pobres almas acreditam firmemente que os vencedores têm sorte. Essa é a razão pela qual a maioria dos perdedores não tenta ganhar: eles acreditam na sorte e não estão muito animados com a sorte que estão tendo. Não aprenderam que estão no controle, que este é um universo ordenado, do qual eles são uma parte necessária.

Que outra lógica, se não sorte, um perdedor poderia usar quando testemunha um vencedor fazendo um número recorde de vendas com uma economia extremamente pobre? O perdedor "sabe" que a economia controla o seu volume de vendas. Para ele, uma vez que o vencedor está vendendo, ele tem que ter sorte. É lamentável, mas esse é o modo de vida para o perdedor. Essa é a atitude dele, e ele está se apegando a ela.

O vencedor escolhe controlar os próprios pensamentos, sentimentos e as suas ações em relação às vendas, independentemente da economia. O mesmo vale para um aluno na escola. O aluno vencedor é aquele que escolhe se formar com honras, mesmo que tenha sido avaliado como tendo QI baixo. É a atitude dele. Ele tem a atitude do "eu consigo", e a opinião de um psicólogo não mudará a maneira como ele pensa, sente e age.

Por outro lado, muitas pessoas com o QI de um gênio que têm atitude negativa em relação a si mesmas e à vida em geral irão falhar miseravelmente. Você testemunha isso aonde quer que vá.

Pense na pessoa que o serve em um restaurante. A comida pode não ser maravilhosa, mas, se ela tem uma ótima atitude e um sorriso contagiante e proporciona a você um excelente serviço, ela volta para casa com um bolso cheio de gorjetas todas as vezes. Agora você provavelmente está sorrindo e dizendo a si mesmo: "Isso é verdade". Claro, é verdade, e você sabe disso.

Você poderia dominar todas as outras lições deste livro, mas, se não dominar uma atitude vencedora, pode muito bem ficar em casa e conversar sozinho. Você irá perder. Nunca irá ganhar e, enquanto isso, está vivendo em um lugar que os primeiros gregos chamavam de Hades. Atitude é tudo, e todo vencedor sabe disso.

Há pessoas que você conhece que não são extremamente brilhantes. Academicamente, elas podem ser bastante inferiores à maioria de seus amigos. Fisicamente, nunca irão ganhar o primeiro lugar em um concurso de beleza, mas a atitude delas é excelente, e elas ganham de uma maneira ótima. Todo mundo que conhece essas pessoas tem grande respeito por elas e por suas realizações. Olham para elas e frequentemente procuram seus conselhos.

Até este ponto, temos lidado principalmente com situações e personalidades. E quanto à sua saúde? Você acha que sua atitude afetará sua saúde de uma forma ou de outra? Qualquer médico competente dirá que sim. Sua atitude certamente afetará sua saúde física e mental. Sugiro que você leia o livro do Dr. Bernie Siegel *Amor, medicina e milagres*, ou o livro de Catherine Ponder *Leis dinâmicas da cura.* A sua atitude mental definitivamente desempenha um papel enorme no estado de sua saúde.

Lembre-se disto: um, você escolhe seus pensamentos. Dois, tudo é positivo e negativo.

A melhor maneira de manter sua atitude positiva é seguir o conselho de Dorothea Brande, presente no livro *Wake Up and Live!* (Levante e viva!, em tradução livre). Ele pode ser antigo, mas é eficaz. Ela disse: "Aja como se fosse impossível falhar". Pense nisso. Se você desenvolver o hábito de pensar dessa maneira toda vez que encontrar um desafio, essa atitude produzirá resultados impossíveis de serem igualados pela dúvida e preocupação.

Dúvida e preocupação são escolhas intelectuais de pensamento. Elas são seguidas pelo medo e pela ansiedade, que não são a escolha de nenhum vencedor. Revise o ciclo: a atitude é a expressão de seus pensamentos, sentimentos e ações. Se a escolha do pensamento é se preocupar, o sentimento consequente será o medo, e esse sentimento estabelece um estado físico de ação que chamamos de ansiedade. Esqueça. Você não quer isso.

Transforme esse controle de atitude em um jogo, um jogo que você está comprometido a ganhar. Há apenas uma regra básica que você deve ter certeza de seguir para sair vencedor. A regra é simples: escolha pensar sobre o que é bom em cada pessoa e situação que encontrar hoje. Faça isso novamente amanhã, e no dia seguinte, até que se torne um hábito. Essa é a maneira como as pessoas gostariam que você pensasse sobre elas, de toda forma. Experimente e será rapidamente recompensado pelas coisas que elas irão pensar sobre você e fazer por você. Preste atenção especial ao efeito positivo que você tem sobre os outros ao praticar essa atitude de buscar o que é bom neles ou essa certeza de que você é capaz.

Há alguns anos, uma família de quem sou muito próximo vivia uma situação bastante negativa. A pessoa que se estabelecera como o potentado imperial ou chefe dessa família estava de mau humor. Pode-se facilmente dizer que sua atitude tinha amplo espaço para melhorias. Ele estava escolhendo deixar um conjunto particular de circunstâncias controlar sua escolha de pensamentos. Não é preciso dizer que eram pensamentos negativos.

Os carteiros estavam em greve. Ele tinha seu próprio negócio, que atendia a algumas centenas de contas, todas as quais lhe pagavam mensalmente. "O cheque está no correio." O fluxo de caixa ia diminuindo cada vez mais. A folha de pagamento tinha de ser paga em poucos dias, e ele estava com alguns milhares a menos. A preocupação, o medo e a ansiedade dele haviam se transformado em uma energia que era, para dizer o mínimo, extremamente difícil de administrar. Ele deixou toda a sua família chateada.

Eu estava visitando a casa dessa família no Canadá, na época. Perguntei ao homem o que estava errado, e ele explicou a situação. Lembro-me claramente de dizer: "Não se preocupe. Você terá mais dinheiro do que precisa antes de precisar dele para saldar a sua folha de pagamento". Isso não funcionou.

Em seguida, tirei um talão de cheques de uma antiga conta bancária canadense. Assinei um cheque e disse a ele para usá-lo se estivesse sem dinheiro no dia do pagamento. Você teria pensado que a mão de Deus havia se estendido e o tocado, tão rapidamente mudou a atitude dele. Em um instante, o mundo inteiro desse homem havia sido transformado. Ele estava agradável e rindo e começou a falar sobre coisas boas.

Algumas semanas depois, eu estava de volta ao Canadá e passei pela casa deles novamente. Ele me entregou o mesmo cheque de volta e disse: "Aqui, Bob. Muito obrigado, mas não precisei disto". O cheque não fora preenchido. Tudo o que estava escrito no cheque era a minha assinatura.

Respondi: "Isso é muito bom, Don, porque não havia dinheiro naquela conta".

Que lição maravilhosa para todos nós! A posição financeira de Don não havia melhorado em um centavo, mas ele achava que sim. Bingo – mudança de pensamento, atitude melhorada. Foi o comportamento que veio com a atitude positiva que resolveu o problema dele, não o pedaço de papel inútil que ele tinha em mãos.

Muitos anos atrás, quando minha sobrinha, Patty, era apenas uma criança, alguém lhe disse "Esses são os fatos, Patty", com relação a algo que eles estavam discutindo.

A resposta dela foi algo clássico, e nunca vou me esquecer. Patty disse: "Não importam os fatos. Apenas me dê a verdade. Os fatos estão sempre mudando". Você pode tentar se lembrar das palavras de Patty quando se encontrar em uma posição semelhante à em que meu bom amigo se encontrava. Ele acreditava no fato aparente de que não conseguiria honrar sua folha de pagamento, mas essa não era a verdade.

O Dr. Norman Vincent Peale nos deu a bela verdade que ele disse ser a base de uma surpreendente lei de prosperidade e sucesso: "Em quatro palavras – *acredite e tenha sucesso*".

Vamos rever os pontos marcantes deste capítulo.

1. De Viktor Frankl: "Tudo pode ser tomado de uma pessoa, exceto uma coisa: a última das liberdades humanas – escolher a própria atitude em qualquer conjunto de circunstâncias, escolher o próprio caminho".
2. Atitude é a palavra mais importante neste ou em qualquer outro idioma.
3. Quando entrega o controle de sua atitude, você reage às situações da vida. Você se torna o brinquedo de forças externas.
4. Quando mantém o controle de sua atitude, você responde adequadamente às situações da vida.
5. A atitude pode ser entendida e controlada por qualquer um.
6. Você é espiritual. Tem um intelecto. Vive em um corpo físico.
7. A atitude é a expressão de todas as três partes de sua personalidade.

8. A atitude é composta de seus pensamentos, sentimentos e suas ações.

9. Você escolhe os seus pensamentos. Os seus pensamentos, internalizados, causam seus sentimentos. Os seus sentimentos causam suas ações.

10. Atitude e resultados têm uma relação de causa e consequência. Eles estão inseparavelmente ligados.

11. Marco Aurélio disse: "A vida de uma pessoa é o que seus pensamentos fazem dela".

12. Polaridade. A lei natural do universo afirma claramente que tudo tem um lado positivo e um lado negativo.

13. Existem, sim, situações negativas. Os vencedores procuram até encontrar um lado positivo em cada situação.

14. O nosso prazer vem do nosso trabalho, e não do nosso lazer.

15. Todo trabalho tem tanto características boas quanto pontos ruins. Os vencedores se concentram nas boas características de seu trabalho e de sua empresa.

16. Os vencedores são a minoria.

17. Todos se beneficiam da atitude do vencedor. Ela é contagiosa.

18. Outra pessoa não pode perturbá-lo ou afetar sua atitude sem sua permissão.

19. O jogo da culpa é um jogo estúpido, do qual os vencedores não participarão.

20. Os vencedores olham para as pessoas com atitudes ruins como indivíduos tristes que agem de forma infantil.

21. Os vencedores sabem que são pessoas dignas, independentemente do que os outros dizem ou pensam sobre eles.

22. Uma atitude negativa é uma força desintegradora. Uma atitude positiva é uma força de crescimento criativo.

23. O seu núcleo é espiritual, e o espírito está sempre em busca de expansão e expressão mais plena.

24. Deus nunca lhe dá um problema maior que o que você pode administrar.

25. Todo mundo comete erros e sofre perdas periodicamente, e sua atitude pode ser tirada dos trilhos. Os vencedores veem essas situações como experiências de aprendizado e ficam de olho em seu objetivo.

26. Os vencedores sabem que tudo acontece por lei e que são uma parte necessária do universo. Tudo acontece por uma razão.

27. O vencedor sabe que a sua atitude em relação ao mundo determina a atitude do mundo em relação a ele.

28. Os vencedores sabem que a sua atitude é o próprio fundamento do seu sucesso, e eles dominaram o controle da sua escolha de pensamentos.

29. A atitude afeta a saúde da mente e do corpo.

30. Os vencedores recusam-se a se preocupar. Eles sabem que a preocupação é uma má escolha de pensamento, que é rapidamente seguida pelo medo e pela ansiedade.

31. Os fatos mudam constantemente. A verdade, não. A verdade nem sempre está na aparência das coisas.

32. Quatro palavras de uma lei espetacular de prosperidade e sucesso: "Acredite e tenha sucesso".

Agora permita-me compartilhar com você algumas sugestões que, quando postas em prática, garantirão o seu sucesso e fortalecerão a sua posição vencedora na vida.

1. Releia este capítulo uma vez por dia, pelos próximos trinta dias.

2. Complete a lista do "o que é bom" sobre a sua posição e sua empresa. Carregue-a com você e leia duas vezes por dia, durante trinta dias.

3. Procure pelo que as outras pessoas fazem bem. Quando encontrar, deixe que saibam que você percebeu. Faça isso até se tornar um hábito.

4. Desafie suas dúvidas sobre si mesmo para que elas não fiquem mais fortes, e observe como você se fortalece cada vez que as desafia.

5. Repita esta afirmação várias vezes para si mesmo: "Eu sou espiritual, portanto, sou mais poderoso do que qualquer situação negativa que eu encontrar. Eu sou um vencedor".

6. Se tudo mais falhar, adquira o hábito de rir de si mesmo quando comete um erro e experimenta a perda. Depois de uma boa gargalhada, é muito mais fácil voltar aos trilhos e fazer a escolha do vencedor de pensamentos positivos diante de uma perda. Experimente. Se chorar faz você se sentir mal, rir, que é o extremo oposto, tem que fazê-lo se sentir bem.

11

[CRIATIVIDADE]

Você já pensou seriamente no valor de uma ideia? Já pensou em uma ideia como uma propriedade intelectual que pode valer uma fortuna? Quando está confortavelmente sentado em seu automóvel, andando pela estrada, com o piloto automático e o ar-condicionado ligados, o seu volante com coluna de direção ajustável confortavelmente posicionado em suas mãos, apreciando o som do álbum mais recente sendo amplificado em seu sistema de som de oito alto-falantes, você não se pergunta "Tudo isso, cada pedacinho, não passava de uma ideia há pouco tempo"?

Quando vê um avião a jato zunindo silenciosamente pelo céu, você já disse a si mesmo "Hum, ótima ideia"? Você costuma parar, quando está se barbeando na frente do espelho ou aplicando maquiagem, e olhar diretamente nos próprios olhos para agradecer o dom único da criatividade com o qual foi abençoado(a)?

Se você é como a maioria das pessoas, provavelmente não faz isso. Pesquisas indicam que a grande maioria das pessoas raramente – ou nunca – pensa em si mesma como criativa. Na mente da maioria das pessoas, a criatividade é um termo especial para descrever escritores, músicos, artistas ou atores; 95% da população não pensa em si mesma como sendo criativa.

Todos são criativos. São suas capacidades criativas que lhe dão poder. É a sua capacidade de criar que lhe permite transformar toda a sua vida em uma experiência magnífica após a outra. Mas, se todo mundo tem essa capacidade criativa, por que não a usam?

Este capítulo explicará o porquê, mas também se concentrará em como usar e fortalecer as maravilhosas ferramentas de poder mental que lhe foram dadas. Quando fizer isso, você fará o seu melhor trabalho e prestará o seu melhor serviço – e será abertamente recompensado por seus esforços.

Você é uma estrela. Sempre foi uma estrela. Quando era criança pequena, era como todas as crianças. A sua energia iluminava cada sala em que você entrava. Você tinha uma capacidade muito ativa e criativa. Muitas vezes, todos os dias, acionava o seu motor criativo em alta velocidade e brilhava. Isso desligava automaticamente o mundo exterior, e seus sentidos se desligavam. Você parava de ver com os olhos físicos e de ouvir com os ouvidos físicos. À vontade e sem esforço, deixava este mundo material, ativando uma de suas capacidades mentais superiores: a sua imaginação. Você ia para dentro de um lugar magnífico. O seu olho interior via a beleza absoluta com uma clareza que seus sentidos físicos nunca poderiam igualar. Lá, você construía castelos e fazia viagens fascinantes para lugares maravilhosos. Lá, você podia fazer o que quisesse.

Você passava muitas horas, todos os dias, em um magnífico parquinho espiritual, onde a escassez e a limitação não existiam. Todas as coisas eram possíveis. Tudo o que tinha que fazer era pedir – e você receberia. Cada ordem que você submetia ao seu poder imaginário era cumprida. A sua vida era verdadeiramente uma vida fabulosa.

Os seus pais e responsáveis o amavam e cuidavam de você, e eles provavelmente ficavam muito satisfeitos quando você silenciosamente saía para ir a uma de suas muitas excursões mentais criativas. Por que não ficariam? Você ficava quieto e geralmente parado em um só lugar. Isso representava tempo livre para eles. Eles descansavam de cuidar de você. Eles não sabiam o tipo de atividade mental criativa em que você estava envolvido. No que lhes dizia respeito, você estava apenas ficando quieto, e isso era muito aceitável para eles.

Em muitos lares, as pessoas chamam esse tipo de comportamento de "ser bom". Se a pessoa que estava cuidando de você estivesse ciente do que você estava fazendo, iria encorajar ainda mais esse comportamento. Talvez ela até tenha usado esse tempo de silêncio para se mover mentalmente e cuidar de polir os próprios sonhos. Infelizmente, isso raramente acontece.

A maioria dos pais ou responsáveis não entende o que seus filhos estão fazendo. Eles não entendem porque seus pais não entendiam. A ignorância tem sido passada de uma geração para outra. Infelizmente, isso vem acontecendo há centenas, até milhares, de anos.

A Bíblia registra como essa ignorância é passada de geração em geração. O livro de Êxodo diz: "Visito a iniquidade dos pais nos filhos até a terceira e quarta geração". Vemos isso novamente no livro de Ezequiel: "Os pais comeram uvas verdes, e os dentes dos filhos é que se embotaram". Se tem acontecido em sua família, faça como eu fiz e pare com isso.

Voltemos ao meu cenário. O tempo passa. Você estava crescendo, tornando-se uma pessoa maior e, no momento exato em que eles estavam querendo sua atenção, a fim de lhe dar instruções sobre algo que eles queriam que você fizesse, você estava em seu mundo imaginário, fazendo um ótimo trabalho e, ao mesmo tempo, fortalecendo seus músculos mentais criativos.

No entanto, a sua visita a esse belo lugar de liberdade normalmente para abruptamente. Os seus pais sabiam como trazê-lo rapidamente de volta ao mundo material deles. Eles haviam sido ensinados pelos pais deles. Um barulho alto – que chamava a sua atenção – sempre funcionava. Ao fazer um barulho alto ou falar alto, eles mentalmente empurravam-no de volta para uma vibração mais baixa, para o mundo deles.

Toda vez que isso acontecia, você era informado com autoridade de que as pessoas mais velhas não vivem dessa maneira, que aquilo não é a realidade; apenas os bebezinhos vão para lugares imaginários. No início, você não prestava atenção às observações deles e começava a lhes contar sobre as coisas bonitas que acabara de ver, com seu olho interior, e as atividades emocionantes em que estivera envolvido recentemente.

Você ainda pode se lembrar do que aconteceu. As expressões em seus rostos, quando você compartilhou a sua experiência criativa, disseram o bastante. Eles não tinham de responder, mas responderam. Em termos inequívocos, foi-lhe dito que o lugar que você acabara de visitar era uma ilusão. Não era real. A sua atenção estava constantemente sendo atraída para o mundo físico, exterior. Diziam-lhe o que é real e faziam com que você se sentisse um bebezinho que estava sendo tolo sempre que entrava no belo parquinho espiritual.

Por meio da repetição, as figuras de autoridade o convenceram de que estavam certas. Você estava agindo de forma tola, comportando-se como um bebê. Elas estavam transmitindo sua ignorância do potencial humano e do processo criativo. A repetição das suas vozes estava imprimindo as opiniões delas como gravações em sua mente. Essas logo assumiriam o controle de sua mente e, finalmente, de sua vida.

Mesmo que essas opiniões tenham sido impressas em sua mente anos atrás, toda vez que o desejo do seu coração o leva para dentro desse lugar maravilhoso, onde toda a criação começa, o interruptor é ligado e as fitas mentais gravadas anos atrás começam a tocar. Elas ainda têm o mesmo efeito. Fazem com que você se sinta tolo, sinta que está agindo como um bebê. Você não gosta da sensação, mas está viciado. Afinal, você é uma pessoa mais velha, um adulto. Essas viagens mentais eram algo que você fazia quando criança.

É ridículo se visualizar como milionário quando está atualmente endividado ou se ver mentalmente vivendo em um corpo saudável quando o médico lhe disse o quão grave é a doença. É tolice se ver em um relacionamento amoroso quando você está sozinho e solitário. É ainda mais ridículo se ver como diretor executivo de sua empresa de sucesso quando você está ocupando uma posição servil na empresa de outra pessoa. Então, você volta ao seu mundo lógico, físico, material, limitado, e rejeita o seu próprio sonho. Afinal, se não pode vê-lo, ouvi-lo, cheirá-lo, prová-lo ou tocá-lo, como ele poderia ser real?

A partir deste ponto, vamos discutir como ele poderia ser real, como é real. Chame-o como você escolher – criatividade, realidade criativa, realidade dos sonhos. Todos os grandes realizadores sabiam que o mundo invisível e não físico era real. Eles estavam extremamente conscientes de que o reino não físico é onde toda criação começa. Este capítulo lida com a realidade que diz: "Eu não estou interessado em lugar algum no mundo material tanto quanto estou na realidade que me permite melhorar o meu mundo material".

Refiro-me à realidade que vê além das limitações materiais, a realidade que permite que o criador do fax e do telefone continue trabalhando em direção a seus objetivos, diante dos pessimistas. Refiro-me à realidade que permitiu a Henry Ford ver um motor V8 quando os engenheiros em sua própria folha de pagamento disseram que ele não poderia ser construído. Ou à realidade que deu a Thomas Edison a coragem de continuar diante de centenas, até milhares, de tentativas fracassadas de dar a você e a mim a luz incandescente.

Este capítulo irá levá-lo de volta a esse mundo imaginário. Os cinco por cento sabem que toda realização começa com a imaginação.

Pessoas bem-sucedidas vão lá regularmente. Se você parece estar preso e não é capaz de seguir em frente, este capítulo vai levá-lo adiante. Você deve reconhecer essas fitas em sua mente e se livrar delas. Permita que a razão correta assuma o controle toda vez que você ouvir essas vozes ou experimentar o sentimento de ser infantil ou tolo. Saiba que toda pessoa criativa e bem-sucedida continua desenvolvendo essa parte infantil de sua personalidade.

Os cinco por cento fizeram a escolha do vencedor. Eles vão para aquele mundo imaginário maravilhoso todos os dias, muitas vezes. Podem estar em um ônibus ou avião lotado e mesmo assim vão. Podem estar jantando com a própria família ou com os amigos, quando deixam seu corpo e fazem uma rápida viagem mental. Eles sabem que o que podem ver com seu olho imaginário, podem, por fim, segurar em sua mão física. Eles podem ter o que quiserem. A liberdade é fantástica.

Antes de entenderem o processo criativo, muitas dessas mesmas pessoas viviam vidas muito limitadas. Seus objetivos, se é que tinham algum, sempre se baseavam na experiência anterior e nos recursos físicos presentes. Isso era o que as fitas antigas os faziam produzir, mas agora essas fitas se foram. Agora eles escolhem o que querem, sabendo que tudo o que devem fazer é manter a imagem do que querem e empregar a técnica do ator. Então eles atrairão os recursos necessários e ganharão a experiência que podem exigir, conforme se aproximam, a cada dia, cada vez mais do que querem. Em sua mente, eles já o têm. James Allen escreveu: "As suas circunstâncias podem não ser agradáveis, mas elas não permanecerão por muito tempo se você perceber um ideal e se esforçar para alcançá-lo".

Milhares de homens e mulheres estão vivendo vidas monótonas e sem sentido porque não eram bons alunos na escola. Tiravam notas baixas, e seus boletins indicavam que eram fracassos miseráveis. Infelizmente, eles permitiram que essas notas baixas ficassem registradas como parte da sua autoimagem, e ainda se veem como fracassos, anos depois. A bela verdade sobre o potencial criativo deles nunca lhes foi revelada. Essas pessoas nunca tentam conseguir um bom emprego ou uma posição interessante em uma organização dinâmica. Nunca tentam iniciar sua própria empresa e torná-la algo de valor real, por causa dessa imagem de fracasso que carregam.

Se o que estou dizendo se relaciona a você, ouça. Recentemente, li uma história de um homem que era um estudante pobre. Você provavelmente está familiarizado com o nome desse homem. Na verdade, pode estar no capô do seu automóvel. Ele tirou notas baixas na escola, mas nunca deixou que isso o perturbasse, porque disse que seu universo girava em outro lugar, em torno de motores elétricos, motores a combustão e bicicletas. Ele não só era um estudante pobre, mas também um menino frágil que não se saía bem nos esportes e sofria miseravelmente com a humilhação. Ele reverteu esse complexo de inferioridade e o transformou em um desejo feroz de ter sucesso – e conseguiu ter sucesso. Alcançou fama, fortuna e reconhecimento mundial.

Aqui estão cinco princípios pessoais para o sucesso que esse homem usa.

1. Seja sempre ambicioso e jovial.
2. Respeite as teorias sensatas. Encontre novas ideias e dedique tempo para melhorar a produção. Isso é criatividade.
3. Tenha prazer em seu trabalho e tente tornar as condições de trabalho o mais agradáveis que conseguir.
4. Procure constantemente um ritmo de trabalho tranquilo e harmonioso.
5. Tenha sempre em mente o valor da pesquisa e do trabalho duro.

Toda vez que um Honda passar por você, lembre-se dessa história, porque esse era o nome desse homem. A maioria das pessoas bem-

-sucedidas que conheço são como o Sr. Honda. Elas começaram mal. Eu tive um começo terrível. Se você também teve e permitiu que isso o segurasse, faça deste o momento de mudar e, ao fazê-lo, lembre-se do que William James disse: "Quando você decide mudar sua vida, há três regras a serem lembradas. Um, faça imediatamente; dois, faça extravagantemente; e três, sem exceções". Outra coisa que ele disse foi: "A melhor maneira de se preparar é seguir em frente".

O pensamento criativo resiste à definição perfeita e monta regras de conduta. Não há horários especiais nem lugar específico em que a criatividade deve ser ativada. O pensamento criativo é como a música, a pintura ou qualquer outra forma de arte. Tornar-se experiente em qualquer arte requer prática e mais prática, e você pode começar agora.

Comprometa-se com esse tipo de pensamento para o resto da vida, e você irá transformar suas capacidades criativas em seu maior patrimônio. A prática contínua irá ajudá-lo a se tornar um mestre nisso, e você ganhará a recompensa de um mestre.

Você poderia dizer que o pensamento criativo é meramente pensar de maneiras diferentes da sua forma condicionada de pensar. Na verdade, pensamento criativo é um termo impróprio. Na maioria das vezes, os resultados criativos de uma pessoa vêm da atividade da imaginação, enquanto o pensamento é uma atividade do fator raciocínio. A cada um desses fatores de sua personalidade foram atribuídas diferentes tarefas. Um é lógico, o outro é criativo.

Neste capítulo, estamos mais interessados na imaginação. Você tem o que Napoleon Hill chamou de *imaginação criativa* e *imaginação sintética*. A imaginação criativa cria algo que não existia antes, a partir de energia crua, pura e não adulterada. Um bom exemplo é a lâmpada elétrica.

A imaginação sintética começa com a criação que já temos e a altera para obter melhores resultados. A lâmpada fluorescente seria um bom exemplo disso. A imaginação sintética produz resultados que são tão bons quanto a imaginação criativa. Uma não é mais eficaz que a outra.

Comecemos pela imaginação sintética. Anos atrás, aprendi uma técnica para girar o mostrador sintético, criativo e mental que mudará sua mente de uma frequência de pensamento para outra. Essa técnica envolve sete palavras. Cada palavra sugere uma nova maneira de olhar para uma ideia antiga. Aqui estão elas:

1. Combinação;
2. Associação;
3. Adaptação;
4. Magnificação;
5. Redução;
6. Rearranjo;
7. Substituição.

Antes de sugerir como empregar essas palavras, vamos usar nossas ferramentas criativas para encontrar uma maneira de você se lembrar de cada uma delas sem dificuldade. Então, você será capaz de lembrá-las à vontade sempre que quiser usá-las.

A primeira palavra foi *combinação*. Ela começa com um C. Então tivemos *associação* e *adaptação*, ambas começando com um A. *Magnificação* é a próxima. Ela começa com um M. Os dois Rs são *rearranjo* e *redução*, e S é para *substituição*.

Tomando a primeira letra de cada palavra, temos um C, dois Rs, S, dois As e um M. Basta se lembrar desta linha: *Criar de fato* é *simples*. Há apenas dois Rs e dois As. Repita isso algumas vezes. *Criar de fato* é *simples*. Há apenas dois Rs e dois As.

Repetir essa frase várias vezes fará com que ela se fixe em sua mente. Então, você se lembrará de que C, dois Rs, S, dois As e um M representam *combinação, rearranjo, redução, substituição, associação, adaptação* e *magnificação.*

Agora chegamos à parte de como usá-las. Lembre-se, essa é uma técnica usada para empregar ou ativar a sua imaginação sintética. O objetivo aqui é melhorar alguma coisa. Pode ser desde melhorar a qualidade de sua vida – um objetivo amplo – até trocar o pneu do seu automóvel.

Você começa o exercício querendo alcançar um objetivo, tomar uma decisão ou resolver um problema. Registre uma imagem clara disso na tela de sua mente. Certifique-se de que você esteja relaxado. Então, puxe essas sete palavras e vamos embora. C, dois Rs, S, dois As e um M.

Combinação. Você pode adicionar ao que existe, criando uma combinação para melhorar os resultados. Pense em algumas das combinações que você usa atualmente. Sapatos: adicionamos cadarços, travas, saltos altos. Os telefones foram combinados com secretárias eletrônicas, aparelhos de fax e *modems.* Quando você pensa em um automóvel, as combinações são infinitas: piloto automático, ar-condicionado, rádio, telefone. Um lápis nada mais é do que uma combinação de carbono, tinta, madeira e borracha.

Rearranjo. Essa palavra é um maravilhoso estimulante criativo. Há uma história magnífica do sul dos Estados Unidos sobre o rearranjo. Aparentemente, um casal de engenheiros estava de pé no saguão de um antigo hotel, discutindo reformas. Eles estavam tentando decidir onde seria o melhor lugar para instalar o elevador, que fazia parte da atualização. Onde eles poderiam colocá-lo e ao mesmo tempo causar a menor quantidade de danos aos quartos pelos quais ele passaria?

Um zelador que estava nas proximidades sugeriu que eles colocassem o elevador do lado de fora do prédio. Dessa forma, não danificariam nenhum quarto ou perderiam qualquer espaço valioso. Hoje você vê elevadores do lado de fora dos edifícios em todos os lugares a que vai, em todo o mundo. Pergunto-me se aquele zelador já pensou em si mesmo como um gênio criativo.

O segundo R é para *redução.* Temos o celular e o fax portátil, *notebooks*, o gravador de voz portátil e o CD. Em muitas cidades, se formos a um local onde costumava haver um grande cinema, talvez você descubra que o prédio foi reorganizado e as salas menores foram substituídas pela sala maior.

S é para *substituição.* Isso se transformou em um dos maiores estimulantes criativos nos últimos cinquenta anos: vinil substitui o couro, plástico substitui metal ou madeira, o transistor substitui a válvula termiônica, o quartzo substitui todas as partes móveis de um relógio. A substituição pode desempenhar um papel enorme na melhoria de qualquer coisa com a qual você esteja trabalhando. Deixe sua mente maravilhosa viajar. Você é uma estrela. Movimente-se de forma livre em um espaço diferente e veja tudo de uma forma diferente.

O A é para *associação.* Você já está empregando essa beleza. Estamos usando essa capacidade, associação, para lembrar esses estimulantes criativos. A associação é uma maneira extremamente criativa de lembrar uma série de ideias, coisas ou eventos.

O próximo A é a *adaptação.* Esse é um estimulante que você deve usar. O cinto de segurança foi feito para viagens aéreas. Ele foi adaptado para a segurança dos passageiros em automóveis e é tão eficaz que o uso de cintos de segurança em automóveis se tornou obrigatório. A televisão, que foi construída para entretenimento, foi adaptada para a educação. Armas espaciais, como satélites, são agora usadas para comunicações amigáveis.

Perceba que os indivíduos que pensaram em adaptar uma coisa para ser usada de outra maneira eram indivíduos como você. Com imaginação, viram algo e agiram de acordo com a ideia. Eles ganharam uma fortuna e se divertiram muito fazendo isso.

M é para *magnificação*. Com sua imaginação, Aristóteles Onassis viu superpetroleiros carregando milhões de barris de petróleo. Outra pessoa viu o jato jumbo transportando centenas de passageiros, e algum vendedor de sabão esperto viu a gigantesca caixa de sabão econômica.

Há pessoas que chamam esta época de era do arranha-céu e do automóvel econômico. Talvez seja verdade, mas os edifícios altos e os grandes carros são certamente a prova do que a nossa mente pode criar. Mantenha a mente aberta sobre o assunto. Para você, quanto maior, melhor? Sei que, no meu negócio, grandes seminários criam uma energia, uma sinergia da qual todos se beneficiam.

Você pode usar uma combinação desses estimulantes mentais, associando uns aos outros. Esse tipo de atividade irá ajudá-lo a se adaptar às mudanças que ocorrem em nosso mundo. Melhore a qualidade do seu produto ou serviço, o que irá melhorar a qualidade de sua vida, enquanto você está melhorando seu serviço aos outros e exercitando suas faculdades mentais criativas. Isso não é criativo? Uau. Essa também é a Lei de Causa e Consequência em ação.

A imaginação sintética pega algo que já existe e o melhora. A imaginação criativa, por outro lado, faz algo do nada. É a imaginação criativa que todos os grandes líderes empresariais, escritores, músicos e artistas usam para se tornarem grandes e fazerem um grande trabalho.

Grande é uma palavra maravilhosa. As pessoas devem se tornar conscientes de sua grandeza antes de fazerem um grande trabalho, e elas fazem um grande trabalho fazendo pequenas coisas de uma maneira grandiosa todos os dias.

Depois de anos estudando a relação de causa e consequência de pessoas e trabalhos grandiosos, cheguei a uma série de conclusões. Os indivíduos que permitem que essa grandiosidade se expresse por meio deles primeiro se tornam conscientes de um impulso interior ou de um desejo de fazer algo melhor. Eles querem fazer um mundo melhor.

Esse desejo aumenta e se torna mais forte à medida que a consciência da presença dele cresce.

Fique comigo por um momento e siga essa linha de pensamento, porque não é algo do qual tomei consciência da noite para o dia. Trata-se do resultado de anos de estudo diligente e muito trabalho. Se entender o que estou comunicando, você pode economizar anos de estudo e dar um salto quântico imediatamente.

Esse impulso ou desejo de tornar tudo melhor vem do espírito. O espírito está sempre em busca de expansão e expressão mais plena. O núcleo do seu ser é o espírito. Quando sua mente está em uma vibração extremamente alta, a sua imaginação criativa entra em ação. A sua imaginação criativa é a parte de você que o conecta com a forma de puro espírito.

Alguns círculos se referem a isso como *inteligência infinita*. Eu digo que é espírito. O espírito é onisciente. Todas as coisas são possíveis com o espírito. Por meio do forte desejo, a sua mente passa para um estado de alta vibração. Quanto mais você alimenta seu desejo com o alimento do pensamento, mais forte o desejo se torna. Quando você está nessa alta vibração, com a imaginação criativa vibrando, a fonte onisciente lhe apresenta uma visão de algo maior, melhor, mais bonito e mais eficaz do que o mundo já conheceu.

Você é uma estrela, o instrumento por meio do qual a maior obra de Deus é feita. Nos referimos a isso como *criação*. Pense nisso. A criação é uma expressão do Criador exatamente da mesma maneira que um desenho é uma expressão do desenhista. Você é a maior criação de Deus.

Indivíduos por meio dos quais a grandeza flui estão perfeitamente cientes de seu papel em todo o esquema das coisas. Eles sabem que é o espírito fazendo o trabalho, não eles. O ego deles está no encaixe certo. A sua consciência aumentada permite que eles se tornem instrumentos magníficos.

Indivíduos eficazes são criativos. Eles estão tão ocupados, tão apaixonados, tão em sintonia com o lado positivo e criativo da vida que raramente veem ou ouvem o lado negativo. Ah, eles estão cientes da presença deste, mas não estão em sintonia com ele. Estão ocupados demais e são sábios demais para discutir com ele.

O indivíduo inconsciente muitas vezes se pergunta por que algumas pessoas que são muito inteligentes não são muito eficazes, por que não conseguem produzir resultados. Observe isto com cuidado, porque é muito importante. Todas as pessoas criativas são produtivas, e todas as pessoas criativas são inteligentes. No entanto, nem todas as pessoas inteligentes são criativas e nem todas as pessoas inteligentes são produtivas. A criatividade deve ter prioridade se uma pessoa realmente quer melhorar sua qualidade de vida.

Comece reconhecendo as maravilhas do seu corpo. Pense nas muitas coisas que estão acontecendo em seu corpo que a maioria das pessoas simplesmente subestima. Pense nas maravilhas do seu cérebro e do seu sistema nervoso central. Pense em como seu coração, seus pulmões e rins continuam trabalhando dia após dia.

Agora torne-se ciente e ouça essa voz silenciosa interior. Ela fala em forma de sentimentos. Ouça-a. Esteja ciente de que você tem uma mente maravilhosa, com a capacidade de desligar a dúvida e o medo e ativar necessidades e desejos. Alimente o seu desejo. Enxergue a si mesmo com o bem que você deseja. Desfrute da presença dele.

Sonhe. Deixe sua mente voar. Livre-se da dúvida. Apenas deixe que ela vá. Alimente o seu desejo e continue alimentando-o até que você possa sentir uma elevação mental. Deixe as belas imagens fluírem em sua mente. Registre-as. Faça uma descrição por escrito delas. Crie arquivos criativos. Aja de acordo com suas ideias e se recuse a permitir que falhas o parem. Trate cada falha como um estimulante para voltar a uma vibração criativa. Sem ressentimentos, sem arrependimentos, apenas uma atitude de gratidão. Veja cada falha como um erro que você não precisa cometer novamente. Os erros geralmente ocorrem quando você permite que seu ego fique no caminho da perfeita expressão do espírito por meio de você.

Seja grato por estar ciente do que está acontecendo. Pessoas ignorantes acreditam que erros ou falhas são culpa de alguém ou de outra coisa. Elas estão presas. Mantenha sua mente focada no bem. Veja grandeza em tudo e em todos. Saiba que a grandeza é o espírito brilhando.

Continue alimentando esse desejo pelo melhor, melhor, melhor. Tudo em sua mente se moverá para a alta vibração em que ela deve estar para que sua imaginação criativa se conecte. Quando ela estiver conectada, perceba que está conectada à fonte, à única fonte que existe. Eu adoro. Absolutamente amo isso.

Deixe o espírito brilhar e torná-lo de longe o mais brilhante. Nunca duvide. Apenas alimente o desejo, e o resto acontecerá automaticamente, porque você é uma estrela.

12

[COMUNICAÇÃO]

A comunicação eficaz é essencial para se desfrutar de uma vida de sucesso. Sozinho, você não consegue funcionar de uma maneira verdadeiramente dinâmica por qualquer período prolongado. Você precisa de outras pessoas.

O tema da comunicação abrange um espectro tão amplo que poderíamos nos concentrar em milhares de direções diferentes. Aqui, quero me concentrar em uma ideia muito limitada, mas muito importante na comunicação, embora ela não seja compreendida ou seja ignorada pela maioria das pessoas.

A maioria de nós está condicionada a ser muito egoísta. Temos de inverter esse conceito e construir um novo paradigma. Se você vai fazer da vitória uma parte condicionada de sua natureza, deve tornar a ajuda a outras pessoas algo automático em sua vida. Para ser verdadeiramente eficaz em falar uma língua, você deve pensar nessa língua. Uma pessoa que é fluentemente bilíngue pensa em ambas as línguas. Ela não está traduzindo mentalmente cada palavra que ouve de uma língua para outra. Da mesma forma, os vencedores pensam automaticamente em ajudar outras pessoas.

Como pensamos em figuras ou imagens, o objetivo deste capítulo é ajudá-lo a transmitir imagens de forma mais eficaz para outras pessoas – imagens que irão ajudá-las. O grande autor motivacional Napoleon Hill disse: "Induzirei os outros a me servirem por causa da minha disposição de servir os outros".

Algumas pessoas dirão que essa é uma ideia antiquada – e elas estão corretas. É muito mais velha do que qualquer um de nós. Essa ideia sempre esteve aqui. É como a letra de uma música famosa que diz: "O amor estava aqui antes das estrelas", e é claro que estava. O mesmo ocorre com a lei por trás da declaração de Napoleon Hill.

É apenas outra maneira de formular a lei de causa e consequência – plantar e colher, ação e reação. O dinheiro é uma recompensa que recebemos pelo serviço que prestamos. A bela verdade é que tudo o que recebemos em nossa vida é uma recompensa pelo serviço que prestamos.

Você pode melhorar a quantidade e a qualidade das recompensas melhorando o seu serviço. Mantenha esse conceito fresco em sua mente. Na verdade, fixe-o em seu subconsciente. Quando tiver feito isso, você nunca terá que se preocupar em receber novamente. Ajudar os outros se tornará automático. Você estará preso à atividade universalmente gratificante de doar.

Você gasta muito tempo pensando em como está relacionado com o universo? Se você é como a maioria das pessoas, muito provavelmente, não. Provavelmente está ocupado fazendo outra coisa qualquer. Por causa do tipo de trabalho que escolhi, penso no meu relacionamento com o universo com frequência, todos os dias. Na verdade, é assim que passo meus dias. A verdade de como estamos relacionados se torna mais interessante e mais óbvia para mim a cada dia. Talvez seja para você também. Se não for, tenho certeza de que, à medida que você investir mais tempo e energia nessa direção, descobrirá as mesmas verdades. Há certos aspectos desse relacionamento que você terá que considerar se quiser aproveitar os benefícios do conceito de comunicação que vou compartilhar.

Quero que você pense sobre esta letra de uma canção inspiradora: "Então, aquiete-se, amor meu, e ouça. Do seu interior você sentirá um som provindo da voz do Criador: o ar é feito das mesmas coisas que o chão".

"Então, aquiete-se, amor meu, e ouça." Para se aquietar, você deve relaxar a mente e o corpo. Desligue seus sentidos físicos. Entre em contato com seus próprios sentimentos.

"Do seu interior, você sentirá um som provindo da voz do Criador." Agora ouça atentamente essa bela verdade. O som de Deus articula-se em torno da Lei da Vibração, e, em um nível consciente, as vibrações são conhecidas como *sentimentos*. Ao desligar seus sentidos, bloquear todas as distrações externas e ficar quieto, você sentirá um som.

"O ar é feito das mesmas coisas que o chão". Ar é energia. A terra é energia. Tudo é energia. O pensamento é energia. De fato, o pensamento é uma das mais potentes de todas as formas de energia. Ele está em uma das frequências mais altas. Ao longo da história registrada, a teologia constantemente nos lembra que tudo é a expressão de um só poder. O ar é feito das mesmas coisas que o solo, e você também. Mais recentemente, a ciência provou que tudo é a expressão de um só poder. Tanto a ciência quanto a teologia nos disseram repetidamente que todo o universo opera pela lei exata. Uma delas é a Lei da Vibração.

A Lei da Vibração explica a diferença entre a mente e a matéria – você poderia dizer entre o ar e a terra, entre o mundo físico e o não físico. De acordo com a Lei da Vibração, tudo vibra ou se move. Nada descansa. Nada está ocioso. Tudo está em um estado constante de movimento, portanto, não existe tal coisa como inércia ou estado de repouso. Da forma mais etérea à mais grosseira da matéria, tudo está em constante estado de vibração. Movendo-se do mais baixo para o mais alto grau de vibração, descobrimos que existem milhões e milhões de níveis ou graus intervenientes do elétron até o universo. Tudo está em um movimento vibratório.

A energia se manifesta em todos os diferentes graus de vibração. As taxas de vibração são chamadas de *frequências*, e, quanto maior a frequência, mais potente a força. Uma vez que o pensamento é uma das formas mais elevadas de vibração, ele é muito potente na natureza e, portanto, deve ser entendido por todos.

A Lei da Vibração pode ser explicada de muitas maneiras diferentes, dependendo do propósito para o qual ela está sendo explicada. Neste capítulo, é nossa intenção limitar nossa investigação apenas aos pensamentos.

Mas vamos deixar a Lei da Vibração por alguns momentos e concentrar a atenção consciente em você e em seu mundo. Estou trabalhando com a premissa de que você quer causar uma megamelhoria em seus resultados. Para fazer qualquer melhoria, você deve melhorar a si mesmo – e pode fazer isso tornando-se um comunicador mais eficaz.

Você vive simultaneamente em três planos diferentes de vida. Vive em um corpo físico, tem um intelecto e é uma expressão espiritual perfeita. Segue-se necessariamente que você se comunica em todos os três planos simultaneamente. Você poderia dizer que a maior parte de você é muito parecida com um *iceberg*. Ele não é visível ao olho humano, o que significa que grande parte da nossa comunicação é no nível não físico e não intelectual. É aí que entra a vibração.

Os supercomunicadores entendem como enviar e receber mensagens de forma eficaz em todos os três níveis. Essas pessoas estão sempre trabalhando com a Lei da Vibração. Elas entendem claramente que tudo está conectado pela vibração. A única diferença entre uma coisa e outra é a densidade ou a amplitude de vibração. A vibração explica a diferença entre mente e matéria.

Os vários níveis de vibração são chamados de *frequências*. Existem milhões de frequências, e cada uma tem uma frequência acima e uma abaixo, todas elas conectadas. Não há linha de demarcação. As frequências se juntam como as cores do arco-íris. Você não pode dizer onde uma começa e a outra termina, porque elas estão todas juntas.

Agora pense nisto: cada célula do seu cérebro opera em certa frequência. O mesmo ocorre com todas as pessoas. Você tem um mostrador mental em sua mente maravilhosa que lhe permite sintonizar a frequência da outra pessoa. É bom lembrar que a outra pessoa tem exatamente a mesma capacidade. Eu raramente presto atenção ao que uma pessoa está dizendo em comparação ao que sinto. Estou muito mais interessado nas vibrações que estou recebendo.

Se você aumentar sua consciência, começará a se comunicar em uma dimensão superior, que é muito mais eficaz e certamente mais precisa e confiável. Você se tornará sensível às milhares de mensagens que estão voando por aí todos os dias, mensagens que você muito provavelmente estava perdendo no passado. Se tornará muito mais eficaz na transmissão de imagens para outras pessoas que serão ajudadas por elas, imagens que as farão se sentir bem consigo mesmas. Quando fizer isso, estará seguindo um excelente conselho que Lord Chesterfield deu a seu filho: "Meu filho, faça com que outras pessoas gostem de si mesmas um pouco mais, e lhe prometo isto: elas vão gostar muito de você".

É exatamente aí que essa forma de comunicação eficaz começa. Ouça o que Webster diz sobre comunicação eficaz: "*Eficaz*: em condições de produzir os resultados desejados; eficiente; poderoso". Ele define a *comunicação* como "um meio de passar informações de um lugar para outro, uma passagem de ligação".

Então, você quer construir uma passagem de ligação entre sua mente e a mente de outro indivíduo ou grupo de indivíduos, para que possa transmitir imagens de sua mente para a deles e das mentes deles para a sua de uma maneira mais eficiente e poderosa.

Somos motivados por imagens. Quando você tem uma bela imagem na tela de sua mente, um sorriso vem em seu rosto. Você se sente bem por dentro. O seu comportamento melhora.

Inventamos a palavra *sentimento* para expressar nossa consciência das vibrações. Bons sentimentos, vibrações positivas; sentimentos ruins, vibrações negativas. Imagens positivas na tela de sua mente fazem com que seu corpo se mova para uma vibração saudável. Lembre-se de que seu corpo é uma massa de energia em alta velocidade de vibração. Os seus pensamentos estabelecem novas vibrações.

Agora faça o que sugiro. Visualize-se no salão de um grande hotel. Na frente da sala, há uma tela branca muito grande. Você está prestes a projetar filmes ou slides nessa tela. O salão de baile está cheio de pessoas. Há cerca de setecentas ou oitocentas pessoas sentadas lá, conversando umas com as outras.

Em uma cabine de projeção, no fundo da sala, há um projetor de 35 milímetros cheio de slides. São slides das maravilhas do mundo. As luzes do salão de baile começam a escurecer. A conversa desaparece e, como Joel Goldsmith disse: "O trovão do silêncio enche a sala".

Em sua mão está um interruptor de controle remoto para o projetor de 35 milímetros. Com o polegar, você toca em um botão. Uma ordem que não é visível aos seus olhos é instantânea e silenciosamente disparada para o projetor e, bingo, um slide é posicionado na frente da luz e projetado na tela grande na frente da sala. Todas as setecentas ou oitocentas pessoas sentadas naquele salão de baile estão agora olhando para uma bela imagem colorida do Taj Mahal. O seu polegar toca o botão novamente, e agora todo mundo está olhando para milhões de toneladas de água correndo nas cataratas em Niágara. A tela toda é iluminada com uma emocionante imagem colorida noturna das Cataratas do Niágara.

Meu amigo, não há salão de baile, nem projetor, nem público, nem Taj Mahal ou Niágara, apenas palavras que escrevi e que agora são vibrações, mensagens sendo enviadas deste livro para o seu cérebro. Elas são captadas pelo seu senso de visão. Essa mensagem de luz ou vibração está viajando a uma velocidade absurda por uma passagem nervosa em seu corpo e atingindo um grupo de células em seu cérebro. Essas células já estão vibrando, porque a Lei da Vibração decreta que nada descansa. Quando esse grupo particular de células é afetado pelo que você lê, elas aumentam instantaneamente em amplitude de vibração, e as imagens que estavam lá nas células do seu cérebro voam na tela da sua mente. As imagens do Taj Mahal e das Cataratas do Niágara estavam silenciosamente descansando nas células do seu cérebro. As minhas palavras as ativaram. Imagens do salão de baile, do projetor e das setecentas ou oitocentas pessoas estavam todas em células do seu cérebro. Até mesmo o botão que você tocou com o polegar – a imagem dele também estava em seu cérebro.

Você tem alguma ideia de quantas fotos estão escondidas em seu cérebro? Duvido que consiga contar um número tão alto. Há imagens felizes e tristes, imagens que irão nos deixar deprimidos ou entusiasmados, imagens que irão nos acelerar ou retardar, imagens que nos farão sentir maravilhosos. As palavras que você usa, as palavras que escolhe direcionar para a próxima pessoa que encontrar, muito provavelmente determinarão as imagens que voam na tela de sua mente maravilhosa, e isso determina a vibração delas.

Já mencionei que vivemos em diferentes níveis. No nível intelectual, nos comunicamos por meio de palavras, gestos e escrita. Preste muita atenção ao que estou prestes a fazer agora. Usarei palavras que farão com que as imagens se registrem no olho da sua mente. Essas imagens mostrarão como os gestos são usados para se comunicar.

Visualize uma mulher idosa, ajoelhada sobre um só joelho, com os braços abertamente estendidos. Uma pequena criança de dois anos está correndo em direção a ela. Ambas têm sorrisos largos nos rostos. Esses braços estão esperando para serem enrolados em torno daquela criança pequena. Os braços estendidos são um gesto de amor. Eles estão dizendo: "Venha até mim. Você é bem-vinda. Quero te abraçar". Palavras não são necessárias, a criança receberá a mensagem.

Em um nível intelectual, também nos comunicamos por meio da escrita. Um livro é uma imagem pintada com palavras. Um bom autor criará um filme na cabeça e, em seguida, escolherá as palavras que, com sorte, ativarão em sua mente a mesma imagem que ele vê na dele.

Você muito provavelmente leu um livro e depois foi ver um filme baseado no livro. É bem provável que tenha ficado desapontado com o filme. Você ficou desapontado porque o filme que você criou em sua mente enquanto lia o livro era muito melhor do que o que você viu no cinema. Você deve entender que sua imaginação não tinha nenhuma das restrições ou constrangimentos que o cineasta enfrentava. Vale a pena lembrar isso. A sua imaginação não tem limites, e é por isso que Albert Einstein disse: "A imaginação é mais importante do que o conhecimento".

Por meio da ajuda de sua imaginação, você pode ver e ouvir a si mesmo se comunicando de uma maneira muito mais eficaz com a próxima pessoa que encontrar. Você pode fazer isso agora, mesmo que esteja sozinho. Mentalmente, pode ouvir as palavras que irá cuidadosamente escolher. Você pode ver mentalmente os gestos que vai usar. Os benefícios de comunicações eficazes certamente valem uma quantidade enorme de prática.

Agora vamos revisar. Em um nível intelectual, você se comunica com palavras, gestos e escrita. O cérebro é onde acreditamos que o intelecto reside. Comece a ver mentalmente suas palavras, gestos e escrita como mensagens de luz, vibrações que são direcionadas ao cérebro da outra pessoa. Essas vibrações ativarão imagens na mente da outra pessoa. Certifique-se de que suas palavras, gestos e escrita desencadeiem imagens positivas.

É por isso que os vendedores são ensinados a vender benefícios – pessoas compram soluções, e não produtos. Elmer Wheeler disse: "As pessoas não usam brocas de um quarto de polegada porque querem brocas de um quarto de polegada. Eles compram brocas de um quarto de polegada porque querem furos de um quarto de polegada".

Lembre-se: benefícios, benefícios, benefícios. Faça a outra pessoa se sentir bem. Crie, em sua mente, imagens da outra pessoa desfrutando mais da vida. Envie esse tipo de imagem para a outra pessoa. O universo enviará de volta cada partícula do bem.

É aqui que a Lei da Vibração reentra em cena. Ao estudarmos a Lei da Vibração, veremos outras pessoas a partir do coração. Os primeiros gregos se referiam ao subconsciente universal, a mente emocional, como o coração, a parte da mente que conecta você e eu a tudo e a todos. Você comunica de coração para coração por meio da vibração, mais comumente conhecida como sentimentos.

Meu professor Val Van De Wall explicou-me isto há muitos anos, e é uma das verdades mais poderosas que já aprendi: palavras são ruídos. A vibração nunca mente.

A sede de suas emoções parece descansar no plexo solar. É aí que você capta vibrações. Você frequentemente se refere a isso como um pressentimento. Quando vê uma tragédia, muitas vezes você diz que ela lhe causou um aperto no estômago. Quando se apaixona, de onde tira essa boa sensação?

Quantas vezes você sentiu que algo estava incomodando um ente querido e lhe perguntou "O que há de errado?"? Ele respondeu: "Nada". Você sabia que ele não estava sendo honesto. Algo estava errado. Você sabia disso, porque o sentia. Os seus ouvidos ouviram a palavra dele, "Nada", mas, de coração para coração, você também captou o que ele estava transmitindo. As vibrações nunca mentem. Intelectualmente, ele está dizendo uma coisa e, emocionalmente, está dizendo o contrário. Os círculos psiquiátricos referem-se a isso como uma mensagem de ligação dupla, e as mensagens de ligação dupla nunca produzem os resultados desejados.

Se quer se comunicar de forma eficaz, você deve dizer o que realmente pensa. Não é difícil dizer uma coisa e estar pensando ou emocionalmente envolvido com outra. Entenda que, enquanto suas palavras estão ativando um conjunto de imagens positivas na mente de uma pessoa, suas vibrações podem facilmente estar ativando o oposto. Quando isso acontece, a mente da outra pessoa fica confusa e não é capaz de qualquer ação inteligente, embora ela provavelmente não saiba o porquê.

Pense no número de vendedores que estão dizendo a seus clientes em potencial que querem ajudá-los e, ao mesmo tempo, estão pensando nas comissões que esperam ganhar com a venda. Esses vendedores são os mesmos cujos rendimentos permanecem na zona de perigo, enquanto os vendedores que ganham rendimentos de seis e sete dígitos absolutamente amam o que fazem. Esse amor está sendo transmitido àqueles que eles encontram. Eles adoram ajudar outras pessoas a se beneficiarem do produto ou serviço que prestam.

Olhe para os grandes artistas. Eles adoram compartilhar seu talento com um público que o aprecia, um público que está recebendo o que quer. A energia positiva vai e volta, sempre se expandindo. Isso é sinergia, e sinergia é energia intensa.

A mesma lei que é usada pelo artista profissional se aplica a você e a mim. Quando estamos nos comunicando, queremos descobrir o que a outra pessoa quer e dar isso a ela. Você deve dizer o que realmente pensa. Quando seus pensamentos, palavras, gestos e sentimentos estão em sincronia com os de outra pessoa, isso é sinergia.

Deixe-me resumir alguns dos pontos importantes deste capítulo. O seu propósito era ajudá-lo a se tornar mais eficaz na transmissão de imagens úteis para outra pessoa.

1. Uma comunicação eficaz é essencial para desfrutar de uma vida verdadeiramente bem-sucedida.
2. Sozinho, você não consegue funcionar de uma maneira verdadeiramente dinâmica por qualquer período prolongado. Você precisa de outras pessoas.
3. Para fazer da vitória uma parte de sua natureza condicionada, você deve tornar automático em sua vida o fato de ajudar outras pessoas.
4. Você pode induzir os outros a servi-lo por meio de sua disposição de servir os outros. Tudo o que você recebe na vida é uma recompensa que recebe por servir os outros. Você irá melhorar a quantidade e a qualidade de suas recompensas melhorando o seu serviço.
5. Tudo no universo está relacionado. Tudo é energia. Pensamento é energia. Você pensa. Eu penso. Nós nos conectamos.
6. Sentir é a consciência da vibração. Em um nível consciente ou intelectual, você pensa em imagens. Você transmite essas imagens para outras pessoas por meio de palavras, gestos e escrita.

7. O coração é um termo que os primeiros gregos usavam para se referir ao subconsciente. Em um nível subconsciente, você comunica de coração para coração por meio da vibração. Os seus sentimentos são transmitidos às outras pessoas por meio da vibração.

8. O ar é feito do mesmo material que o solo. Tudo é energia em vários estados de vibração. Os níveis de vibração são chamados de frequências.

9. Tanto a ciência quanto a teologia concordam que tudo é a expressão de um só poder, que opera de modo ordenado, mais vulgarmente conhecido como lei. A vibração é uma dessas leis exatas da natureza.

10. Certifique-se de que você diz o que pensa.

11. Quando você diz uma coisa e está emocionalmente envolvido com algo oposto, está enviando ambas as mensagens para a outra pessoa. Esse tipo de atividade mental causa confusão em sua mente e na dela. Essas mensagens são chamadas de mensagens de ligação dupla e nunca produzirão os resultados desejados.

12. Quando duas ou mais pessoas se reúnem na mesma frequência de pensamento, isso cria sinergia, e sinergia é energia intensa.

13. Não nos esqueçamos da bela verdade: todo o universo está relacionado. Somos todos parte da mesma família.